日本の偉人物語④

塙保己一
島津斉彬
乃木希典

岡田幹彦

光明思想社

はじめに

『日本の偉人物語4——塙《はなわ》保《ほ》己《き》一《いち》・島《しま》津《づ》斉《なり》彬《あきら》・乃《の》木《ぎ》希《まれ》典《すけ》』の三人物も前三巻の人物に遜色《そんしょく》なき偉人である。

塙《はなわ》保《ほ》己《き》一《いち》について今日知る人々は少《すく》ない。しかしその生涯《しょうがい》を知るならば、誰一人として驚嘆《きょうたん》しない者はあるまい。保己一は七歳の時に失明《しつめい》して全盲《ぜんもう》となるが、向学心《こうがくしん》、向上心《こうじょうしん》が並はずれて高かった。江戸に出て按摩《あんま》をして生計《せいけい》を立てながら、多くの人々から本を読んでもらって学問に励《はげ》んだ。驚異的《きょういてき》な記憶力を持つ保己一は生涯六万冊の書物を一行一句悉《ことごと》く暗記していたというのだから人間業《にんげんわざ》ではなかった。そうして約四十年間かけて『群書類従《ぐんしょるいじゅう》』（六百六十六冊）という国史国文の一大文献集《いちだいぶんけんしゅう》を編纂《へんさん》・出版したのである。全盲の人でこれほどの大仕事をした人は世界にいない。今年は『群書類従』が出版されて恰度《ちょうど》二百年である。ヘレン・ケラーが「心の支《ささ》え」として最も尊敬した塙保己一は、まさに「日本の奇蹟《きせき》の人」であった。

　昨年明治維新《めいじいしん》百五十年を迎えたが、明治維新成就《じょうじゅ》の第一人者であり「代表的日本人」の筆頭《ひっとう》である西郷隆盛《さいごうたかもり》が、「生神様《いきがみさま》」として仰《あお》ぎ師とも親とも崇敬《すうけい》した人物が島津斉彬《しまづなりあきら》である。島津斉彬も塙保己一《はなわほきいち》同様、今日よく知られてはいないが、明治維新の礎《いしずえ》を定めた最大の先駆者《せんくしゃ》・先覚者《せんかくしゃ》である。欧米列強《おうべいれっきょう》（英露仏米）がわが国を隷属化《れいぞくか》・植民地化せんとする未曾有《みぞう》の危機、国難《こくなん》に直面《ちょくめん》して、わが国の独立と民族の生存《せいぞん》を確保《かくほ》する為《ため》に、いち早く西洋文明を摂取《せっしゅ》して欧米《おうべい》の日本への攻《せ》め道具である西洋式軍艦と大砲を自力で造り上《あ》げ、「富国強兵《ふこくきょうへい》」の目標を掲《かか》げて近代日本の雛形《ひながた》・原型《げんけい》を薩摩《さつま》に実現した比類《ひるい》なき指導者であった。人格、学問、見識《けんしき》、手腕いずれも並はずれており、島津斉彬なくして西郷隆盛なく、従って明治維新はありえなかった。

　日露戦争《にちろせんそう》は欧米主導《おうべいしゅどう》の近代五百年の世界の歴史を根本から変え、「白人不敗《はくじんふはい》の神話《しんわ》」を打破《うちやぶ》った近代世界史最大の出来事《できごと》であった。日露戦争は本来ならば決してあり得ず、万一起きたとしても日本が勝つことは絶対に不可能と思われた戦いであった。非西洋諸国はことごとく植民地、隷属国《れいぞくこく》とされた時代である。欧米の有する科学技術とそれに基《もと》づく近代的産業と近代的軍隊を身《み》につけて真《しん》に自立し独立を堅持《けんじ》しえた非西洋民族はわが国だけであった。それゆえ日本がイギリスと世界の覇権《はけん》を争う一大強国ロシア——世界一の陸軍国——と戦いこれを打ち下《くだ》したことは、天地を逆転するほどの衝撃《しょうげき》を全世界に与えたのである。この日露戦争の勝利をもたらした最高の殊勲者《しゅくんしゃ》が、海軍の東郷平八郎《とうごうへいはちろう》と陸軍の乃木希典《のぎまれすけ》である。東郷が古今随一《ここんずいいち》の海将《かいしょう》であるなら、乃木もまた古今比類《ここんひるい》なき陸の名将《めいしょう》である。ロシア軍総帥《そうすい》クロパトキンは乃木を人間離れした鬼神《きじん》と畏怖《いふ》したことが、両国の運命を分けたのである。

本書出版に当りご尽力《じんりょく》頂いた光明思想社社長白水春人氏並びに中村龍雄氏に深い謝意を捧げる。

平成三十一年三月

岡田幹彦

日本の偉人物語　4

塙保己一　島津斉彬　乃木希典

目次

はじめに

第二話　島津斉彬《しまづなりあきら》——明治維新《めいじいしん》を導いた最大の先覚者

4、百世《ひゃくせい》に卓越《たくえつ》する指導者

第三話　乃木希典《のぎまれすけ》——救国《きゅうこく》の国民的英雄

3、救国の英雄

4、武士道の不滅

※カバー写真所蔵　埼玉県・本庄市教育委員会　鹿児島県・尚古集成館　東京都・乃木神社

第一話

塙保己一

——日本の奇蹟の人

塙 保己一

延享３年(1746)～文政４年(1821)
現在の埼玉県本庄市に生まれる。江戸時代の国学者。『群書類従』『続群書類従』の編纂者である。
(肖像画・埼玉県本庄市教育委員会所蔵)

1、失明《しつめい》・全盲《ぜんもう》の苦難《くなん》を乗り越えて

ヘレン・ケラーの心の支え

「奇蹟《きせき》の人《ひと》」として世界中に知られている三重苦《さんじゅうく》（目・耳・口の不自由な重度障害《じゅうどしょうがい》）の聖女《せいじょ》ヘレン・ケラー（一八八〇―一九六八）は、三度わが国を訪問している。初来日《はつらいにち》は昭和十二年である。この時五十六歳《さい》のヘレンは四月二十六日、東京・渋谷にある温故学会《おんこがっかい》を訪《おとず》れた。

温故学会は明治四十二年、塙保己一《はなわほきいち》の曾孫《そうそん》塙忠雄《はなわただお》、渋沢栄一《しぶさわえいいち》（明治経済界の指

導者）、芳賀矢一《はがやいち》（東京帝国大学教授）らにより設立された。塙保己一《はなわほきいち》が編纂《へんさん》・出版した古書《こしょ》の一大文献集《いちだいぶんけんしゅう》『群書類従《ぐんしょるいじゅう》』の版木《はんぎ》（印刷のために文字や絵を彫り込んだ板。板木《はんぎ》とも書く）一万七千二百四十四枚を保管《ほかん》して、今なお需要者《じゅようしゃ》に頒布《はんぷ》するとともに、保己一の精神・偉業《いぎょう》を顕彰《けんしょう》することを目的としている。

塙保己一は少年時に失明《しつめい》、全盲《ぜんもう》となったが、学問への情熱やみがたく、筆舌《ひつぜつ》に尽《つく》し難《がた》い辛苦《しんく》と努力を積み重ね、約四十年間かけて『群書類従』六百六十六冊というかつてない大文献集を編纂して出版した大学者である。それはわが国文化事業の金字塔《きんじとう》として後世《こうせい》に永遠に残る価値ある一大偉業であっ

『群書類従』の版木倉庫（温故学会所蔵）
円内・版木（本庄市教育委員会所蔵）

た。

ヘレンは関係者始め温故女学院生徒一同の大歓迎を受け、まず版木倉庫に入《はい》りうず高く積まれた版木に両手で触《ふ》れて驚きの声を上げた。次いで講堂に進み、保己一の銅像と愛用した机を繰返《くりかえ》し両手でやさしく撫《な》でた。まるで親しい人に再会したような悦《よろこ》びがあふれていた。

ヘレンは固唾《かたず》を呑《の》んで見詰《みつ》める満堂《まんどう》の人々に話しかけた。ヘレンが指文字《ゆびもじ》で語る言葉を秘書の女性が英語で話す。それを日本人の通訳が伝えるのである。

「私が幼い時のことですが、母は私に『塙保己一先生はあなたの人生の目標になる方ですよ』とよく話してくれたものです。日本には幼くして全く目が見えなくなってしまったのに、努力して立派な学者になった塙先生という方がいたと教えられました。それを聞いて私は励まされて一所懸命《いっしょけんめい》勉強しました。そして苦しい時つらい時もくじけずに努力することができたのです。

今日こうして温故学会《おんこがっかい》を訪問して先生の像《ぞう》にじかに触《ふ》れることができたのは、今回の日本訪問の中で最も意義深いものでした。使い古された質素《しっそ》な机に触れ、優しそうに少し首をかしげた先生の像に両手で触《さわ》っていると、塙《はなわ》先生のお人柄が伝わってきて一層《いっそう》先生への尊敬の気持が強くなってくるのです。この塙先生の名前はこれから何世代にわたって豊かな水を湛《たた》える川の流れのように、絶えることなく永遠に伝えられてゆくに違いありません」

そのあとヘレンは各地で講演したが、浦和市(さいたま市)でこう語った。

「私は特別な思いを抱《いだ》いてこの会場に参りました。いつか日本に行ってみたい。日本に行ったら必ず埼玉を訪問したいと長い間思っていました。その夢が今日かないました。それは私が人生の目標として苦しく辛《つら》く挫《くじ》けそうになったときに、心の支《ささ》えとした人がこの埼玉ゆかりの人物であったからです。その人の名は塙保《はなわほ》己一《きいち》といいます」

満堂《まんどう》の聴　衆《ちょうしゅう》にどよめきの声があがった。世界中から尊敬された奇蹟《きせき》の人ヘレン・ケラーの「人生の目標」「心の支え」が塙　保己一であったのである。

ヘレン・ケラーはどうして保己一《ほきいち》を知ることができたのか。ヘレンを教育した先生にサリバンのほかにもう一人、電話を発明したアレクサンダー・ベルがいる。ベルは聴覚障害者教育専門《ちょうかくしょうがいしゃ》の学者でもあった。ベルは一生ヘレンの教師、相談相手として親しく接した。

明治八年、留学生の伊沢修二《いざわしゅうじ》（後に東京盲唖《もうあ》学校校長となる）はベルから聴覚障害者教育について学ぶが、以来二人は親密《しんみつ》な師弟《してい》関係を結んだ。ベルは伊沢から保己一のことを聞き知り、それをヘレンと両親に語り励ましたのである。

ヘレン・ケラーの名を知らぬ人はいない。しかし塙保己一を知る日本人はどれだけいるだろうか。ヘレンが「心の支え」「人生の目標」としたわが国の偉人を知る人が少《すく》ないことは、日本人として悲しいことである。塙保己一こそ「日本の奇蹟の人」と賛《たた》えられてしかるべき人物であろう。

失明

塙保己一は延享《えんきょう》三年（一七四六）五月五日、武蔵国児玉郡保木野村《むさしのくにこだまぐんほきのむら》（埼玉県本庄市児玉町《ほんじょうしこだまちょう》）に生まれた。同時代の農民出身の偉人、伊能忠敬《いのうただたか》は延享《えんきょう》二年

（一七四五）、二宮尊徳《にのみやそんとく》はやや遅れて天明《てんめい》七年（一七八七）の生まれである。そうして同時代のもう一人の偉人が、宝暦元年《ほうれきがんねん》（一七五一）生まれの上杉鷹山《うえすぎようざん》である。尊《そん》徳《とく》、鷹山《ようざん》、忠敬《ただたか》については『日本の偉人物語』第一・第二・第三巻でのべたが、この四人物はまさしく世界的偉人と言って少しも憚《はばか》り（ためらい、遠慮）はない。

父は荻野宇兵衛《おぎのうへえ》、母はきよ。保己一《ほきいち》は長男で弟が一人いた。代々《だいだい》農業、養蚕《ようさん》を営む旧家《きゅうか》で、遠祖《えんそ》は小野篁《おののたかむら》（平安時代の貴族、学者、歌人、百人一首の作者の一人）である。子孫はやがて武士として関東に土着《どちゃく》したが江戸時代になって農業に従事《じゅうじ》した。きよは隣村《となりむら》の名主《なぬし》の娘である。

父の宇兵衛は慈悲《じひ》心《しん》厚く、人のためにはわが身《み》をかえりみずに尽《つく》す陰徳《いんとく》（世に知られない善行《ぜんこう》）を好む人物であった。伝染病などにかかる人があると感染《かんせん》することを恐れて誰も近づこうとしないが、宇兵衛は進んで出かけて行き世話をしたから、助けられる人が少《すく》なくなかった。きよも同様の人で愛情の深いやさしい女性であった。二人は村一番の親切な夫婦といわれて村人《むらびと》に慕われた。

保己一はこのすぐれた両親の性格を一身《いっしん》に受けて、人並すぐれた人間性と素質を授って成長した。江戸に出た十代、二十代の若い頃、保己一は実《じつ》に多くの人に同情されその人柄《ひとがら》を親愛されるが、保己一には人々から敬愛《けいあい》を受けるに足る人格、人徳《じんとく》を親と天から受けていたのである。

ところが保己一は丈夫《じょうぶ》な体ではなく、眼病《がんびょう》をわずらった。きよは二里(八キロ)離れた眼医者《めいしゃ》のところに、幼い保己一を背負って幾日《いくにち》も通い続けたが、七歳のとき失明《しつめい》、全盲《ぜんもう》となるのである。

宇兵衛ときよの嘆きは深かった。二人はなおさら保己一に愛情を注《そそ》いだ。ことにきよは友達と自由に遊ぶことができなくなった保己一に、時間の許す限り毎日本を読んでやった。失明以来、これが保己一にとり唯一《ゆいいつ》の楽しみとなるのである。名主《なぬし》の家の出《で》であるきよはかなりの教養《きょうよう》の持主であった。保己一は母が読んでくれる数々の物語を、一度聴くだけでことごとく記憶し暗誦《あんしょう》できた。天賦《てんぷ》(天から与えられたもの)の頭脳、驚異的《きょういてき》な記憶力、理解力を持っていたのである。

悦んだきよは近くの寺子屋《てらこや》の和尚《おしょう》に、「息子を通わせてくれませんか。部屋の片隅《かたすみ》で和尚さんの話をきかせてください」と頼んだ。和尚は「文字が全く読めない子供に勉強ができるだろうか」と心配した。しかし来てみるとほかの子供が大きな声で読む本を、一遍《いっぺん》聴いて全て記憶してしまう保己一に舌を巻き驚嘆《きょうたん》した。そこで保己一《ほきいち》の為に特別に『太平記《たいへいき》』の一部を読んでやると、それも一語も間違えずそらんじた。寺子屋《てらこや》から戻《もど》って仕事を終えた両親に今日聴き覚えたことを話すことが、保己一の何よりの楽しみ、悦びであった。保己一が生き生きとして朗々《ろうろう》と語る姿に、きよは陰《かげ》で嬉し涙を流すのである。

慈母《じぼ》の死

しかし保己一の不幸はやまなかった。十二歳のとき毎日本を読んでくれる最愛の母が、風邪《かぜ》をこじらせて急逝《きゅうせい》するのである。この上ない愛情を注《そそ》いでくれた慈母《じぼ》の死に、保己一は暗黒の底にたたき落とされた。杖《つえ》とも柱とも頼む母の死は、全盲《ぜんもう》の少年の心を打ちのめした。言いようのない悲しみに毎夜泣き明《あ》かした。葬式のあと毎日杖をつき手探《てさぐ》りで母の墓にたどりつき、真新《まあたら》しい墓標《ぼひょう》の前にいつまでも膝《ひざ》まづく保己一の姿に、近所の人々は涙を拭《ぬぐ》った。

失明と母の死、これほどの不幸を少年時に経験すれば失望落胆《しつぼうらくたん》の底に沈み世をはかなみあるいは恨《うら》んで、己《おの》れの不運を嘆き挫折《ざせつ》して二度と立ち上がれなかったかもしれない。しかし保己一はこの衝撃《しょうげき》と悲しみに耐《た》えることが出来た。あたう限りの愛情を注ぎ並々ではない教養を与えてくれた母きよの深い感化《かんか》が、保己一を挫折から救ったのである。失明した年少のわが子をおいて逝《ゆ》かねばならなかった母の深い哀《かな》しみを思った時、保己一はあの世の母を一層《いっそう》悲しませるようなことはしてはならないと自分に言いきかせたのである。子供の教育において母がいかに大切か、保己一の生涯は後世《こうせい》に教えている。

その後、保己一はこれからどう生きていってよいのか思い悩んだ。ある時、江戸と児玉郡を往《ゆ》き来《き》する商人が家にきて、江戸ではいま太平記読《たいへいきよ》みとよばれる芸人《げいにん》がいて、『太平記』を庶民《しょみん》に語って聞かせそれで立派に生計《せいけい》を立てているという話をしてくれた。

保己一の心は躍《おど》った。『太平記』は最も好きな物語であった。「『太平記』は全部で四十巻にすぎない。これを暗誦《あんしょう》するぐらいのことで名を顕《あら》わし、妻子《さいし》を養うことができるなら私の生きる道を開くことも決して困難ではない」と思ったのである。

保己一《ほきいち》はこの願望《がんぼう》を父に打ち明けて、江戸行きの許しを請《こ》うた。父は初め強く反対した。それは無理もない。目の見えぬ少年が一人でどうして江戸で生きて行くことが出来よう。失明した時から自分のそばにおいて一生養う覚悟《かくご》でいたからである。しかし保己一の決意は固く、父はついに許した。

自殺未遂

宝暦《ほうれき》十年(一七六〇)三月、十五歳の保己一は、母が亡くなる前に作ってくれた形見《かたみ》の巾着《きんちゃく》(お金などをいれる布の小袋《こぶくろ》)をふところにし、衣類等をいれた小さな木箱《きばこ》を背負《せお》って郷里を立った。父の知人が手をひいて連れていってくれた。

江戸に出た保己一は検校《けんぎょう》雨富須賀一《あめとみすがいち》に入門《にゅうもん》した。検校とは盲人《もうじん》の職業組織の最上位である。江戸時代、盲人は按摩《あんま》・鍼《はり》の治療《ちりょう》と琵琶《びわ》・三味線《しゃみせん》等《など》の音曲《おんぎょく》で生《せい》計《けい》を立てた。本当は太平記読みになりたかったけれども、当時盲人にはこれ以外の仕事はなかったのである。

　保己一は雨富検校の屋敷に住みこみ、先輩たちの指導を受けて修業《しゅぎょう》したものの、生来無器用《せいらいぶきよう》で勘《かん》が鈍《にぶ》く、按摩・鍼も音曲もさっぱり上達《じょうたつ》しなかった。先輩からいつも叱《しか》られ仲間には笑われた。いくらやっても駄目《だめ》だった。頭脳と学問では誰にも劣らぬ自信があったがこの道では全く見込みがないと思われ、悩みに悩み毎晩涙をこぼして故郷《こきょう》を思った。

　しかし今更《いまさら》おめおめと帰ることは出来ない。一年ほどたって保己一はついに行《ゆき》詰《づま》りある晩、江戸城の堀、牛《うし》が淵《ふち》へ身《み》を投げて自殺せんとするのである。いままさに身をひるがえさんとしたその時、ふところの母の形見《かたみ》である巾着《きんちゃく》に手が触れて母の顔が浮かんだのである。あれほど自分を愛し励ましてくれた母であった。自分の為にさんざん苦労して命を縮めたやさしい母の慈顔《じがん》に、保己一ははっと思いとどまるのである。

「ああ自分は間違っていた。いかに修業が辛《つら》いからといって絶望のあまり死を選ぶとは、こんなに自分の為に苦労して育て上げてくれた両親に対しこれ以上の親《おや》不孝《ふこう》はない。なんて馬鹿なことをしようとしたのか。辛抱《しんぼう》して命がけの努力をしよう」

またもや母が保己一《ほきいち》を救ったのである。後年、保己一は観音信仰《かんのんしんこう》を持つが、きよこそ慈母観音《じぼかんのん》であった。

雨富検校《あめとみけんぎょう》の恩情《おんじょう》

師匠《ししょう》の雨富《あめとみ》は人間はとても善良だが、無器用《ぶきよう》でさっぱり腕の上がらぬ保己一に心を痛めていた。しかし保己一が「鍼《はり》の神様」といわれた杉山和一《わいち》の鍼の指導書『杉山三部書』などを読んできかせると、たちどころに暗記してしまうのには驚いていた。どうやらずば抜けた頭をもつ保己一はほかの盲人《もうじん》とは違うと思った師匠は、自殺未遂の直後保己一を呼んでこう語った。

「江戸に出てきて一年になるが、お前は何一つとして身《み》についていないことを私は心配している。お前は学問だけは好きなようだが、しかし盲人《もうじん》が学問で生きてゆくことはとても出来《でき》まい。私には学問のことは無論わからない。だが師匠として弟子《でし》のお前になんとしても一人前の人間になってほしいと願っている。盲人が学問をするのは並たいていの苦労ではない。しかしお前がどうしてもやりたいのなら、好むところの道に進むがよい。今日から三年間私がお前を養おう。もし三年たって為《な》すところがなかったら、お前を郷里《きょうり》に帰すことにしよう」

保己一は師匠の恩情《おんじょう》に泣いて感謝した。雨富は修業《しゅぎょう》のかたわら保己一が自由に学問することを許したが、当時の盲人社会では前代未聞《ぜんだいみもん》、特別のはからいである。家族を除き保己一の生涯第一の恩人が雨富須賀一《あめとみすがいち》である。この人がなかったら、偉人塙保己一《はなわほきいち》はありえなかった。

以後、保己一は心を入れかえて修業に打ちこんだ。これまでは本当にやりたい学問が出来ない虚《むな》しい気持が心の底にあるから、修業に身《み》が入《はい》らなかったのである。しかしこれからは晴れて学問が許されたので、修業が苦でなくなりむしろ楽しくなって徐々《じょじょ》に腕が上《あが》っていった。父と亡き母、そして雨富《あめとみ》師匠《ししょう》の恩愛《おんあい》になんとしても応《こた》え報《むく》いるために、今度こそ命がけでやった。

また同時に保己一《ほきいち》は以後毎日、『般若心経《はんにゃしんぎょう》』(仏教の根本真理を短かい字句で説いたお経《きょう》)を百回唱えこれを千日間続けて衆分《しゅうぶん》の地位に至《いた》ることを決意した。十八歳の時念願叶《かな》って衆分になることが出来《でき》た。衆分となればもう一人前であり、雨富は心から悦んでくれた。保己一の『般若心経』一日百回読誦《どくじゅ》はこのあと亡くなる時まで継続されるのである。保己一は元々《もともと》信仰心の厚い人間であった。

2、六万冊の書物を全て記憶

いかにして学んだのか

全盲《ぜんもう》の保己一はいかにして学んだのだろうか。それはひとえに他人から書物《しょもつ》を読んでもらうことによってである。保己一がいかに学問をしたくても一人では出来ず、本を読んでくれる人がまわりにいなければ不可能なのである。またたとえ読んでくれる人がいても、それを聴いて理解し忘れずに記憶できねば学問は成り立たない。点字《てんじ》がなかった時代である。できる限り数多くの本を人に読んでもらうしかなかったのである。限りなく困難なことを保己一《ほきいち》は実行しようとしたのであった。

一体誰が本を読んでくれたのであろうか。それは保己一が按摩《あんま》によばれる相手であった。書物を読んで聴かせたら、ただ一度で全て記憶し暗誦《あんしょう》できる人柄《ひとがら》のとても良い並はずれた頭脳と驚異的《きょういてき》な記憶力を持つ年若い盲人《もうじん》がいるということが人から人へ伝わり、読書好きの心ある人々が保己一に親愛の情を抱《いだ》き、惜《お》しみない善意を寄せてくれたのである。既にのべたように慈愛《じあい》に富んだ立派な両親の性質と感化《かんか》を受けた保己一は、他人から親愛されるに足る人柄《ひとがら》を備えていたのである。

こうして人々の厚意《こうい》のもとに按摩のかたわら多くの書物を読んでもらい、それをことごとく記憶して理解するという保己一独特《どくとく》の学習が始まるのである。まことに類稀《たぐいまれ》な好学心《こうがくしん》、向上心《こうじょうしん》、求道心《ぐどうしん》の持主であった。保己一は自ら本を読むことの出来《でき》ないつらさ、悲しさ、もどかしさを後《のち》に歌でこう詠《よ》んでいる。

身《み》に余《あま》る　恵《めぐ》みある世《よ》は　読《よ》む文《ふみ》の
　少なきのみや　なげきなるらむ

人々の恩恵《おんけい》を十分《じゅうぶん》に受けて学問を積み重ねいま『群書類従《ぐんしょるいじゅう》』の編纂《へんさん》に尽力《じんりょく》しているが、ただ残念なことは本は人に読んでもらわなければならず、そのために読む量は限られる。目が見えるならいつでもいくらでももっと多くの書物が読めるのに残念だという意味である。保己一は人々の温かい善意により、生涯約六万冊の書物を読んでもらい一字一句全てを記憶したが、目が見えたならこの何倍も読めたことであろう。全《まった》く人間離れした保己一のこの上なき努力であったのである。

人々の善意

人々が保己一をいかに親愛して本を読んでくれたか、いくつか例をあげよう。

雨富検校《あめとみけんぎょう》の屋敷の隣に松平乗尹《まつだいらのりただ》という旗本《はたもと》がいたが、一日おきに早朝三、四時間も読んでくれた。保己一《ほきいち》の賢さを見抜きよほど親愛しなければ、ここまではしないだろう。松平は「あの盲人《もうじん》の人となりを見ると度量《どりょう》が大きく凡人《ぼんじん》ではない。後々《のちのち》必ず何かしとげる人だと思う」とのべている。松平は国学者萩原宗固《はぎわらむねかた》の門人《もんじん》であり、やがて保己一が萩原に入門したのも松平の手引《てびき》による。松平が亡くなったあとしばしば同家を訪れ故人《こじん》の位牌《いはい》に拝礼《はいれい》することを欠かさず、生前《せいぜん》の恩恵《おんけい》に深く感謝することを怠《おこた》らなかった。保己一の第二の恩人である。

同じく旗本高井大隅守実員《たかいおおすみのかみさねかず》の夫人《ふじん》も保己一を親愛した。夫人は読書好きの教養ある女性だったから、按摩《あんま》がすむといつも本を読んでくれた。夏は蚊帳《かや》(寝室につり下げて蚊《か》を防ぐ細《こま》かな網《あみ》のおおい)の中で按摩をするが、本を読んでもらう時は蚊帳の外で聴くのが礼儀である。そのとき保己一はその家の女中《じょちゅう》に両手をひもで結んでもらって聴いた。夫人はそれを見て、「あなたは一体何をしているのですか。それでは蚊を追い払うこともできないではありませんか。おかしな按摩さんですこと」と笑った。保己一はこう答えた。

「せっかく奥方様《おくがたさま》に読んでいただくのに、蚊に刺されることなどに気を取られて一言でも聴き逃《のが》すようなことがあってはなりません。こうしていれば余分《よぶん》なことに気を取られず、聴《き》き漏《も》らすことはありませんから」

保己一はいつもこのように全身を傾け全神経を集中して聴いたのである。夫人は感嘆した。親愛は一層《いっそう》厚くなり、それまで以上に多くの時間を割《さ》いて読んでくれた。また夫人は『栄花物語《えいがものがたり》』(藤原道長《ふじわらのみちなが》の物語)四十巻を保己一に買い与えた。保己一が自分の本を持った最初である。夫人はまるで母親のように温かく細《こま》やかな心配《こころくば》りをしてくれた。ある時、食事をふるまわれたが、夫人はこう言った。

「食事の時あなたは気をつけなければいけません。目が見えないので仕方《しかた》ないかも知れませんが、食べ物をこぼしたり箸《はし》で口にかきこんだりするのは見苦しいものです。立派に学問をしているあなたが、そのようなことで評判を落とすようなことがあってはなりませんからね。これからは人前《ひとまえ》で食事するのはできるだけ控《ひか》えたほうがよいと思いますよ。帰りの途中でお腹《なか》がすくようなことがあったら、この煮豆《にまめ》でもお食べなさい」

夫人はおいしい煮豆を竹の皮に包んで持たせてくれた。夫人は亡くなった母と同じ年頃の人だったが、この夫人に母のやさしさを感じた。その後も夫人は保己《ほき》一《いち》をわが子のごとく親愛してくれた。一人娘のとせ子は保己一を敬愛し、生涯父の事業を助けたがこうのべている。

「誠実な態度と学問への熱《あつ》い思い、それ以上に理解の良さや聡明《そうめい》さに感心して、奥方様《おくがた》たちはこの目の見えぬ若者の為になにかお役に立ちたいものだと思うようになったのです。若い頃の父はこのように多くの方から、母親の愛情にも似《に》た親切を受け愛されたのです。なくなった両親から受け継いだ誰からも愛されるという素質のようなものが備わっていたからでしょうか」

近畿《きんき》への旅――北野天神《きたのてんじん》を守護神《しゅごしん》として仰《あお》ぐ

このように保己一は按摩《あんま》のかたわら、一心不乱に学問に励んだ。やがて歌人で国学者の萩原宗固《はぎわらむねかた》に入門して学んだ。宗固もまた保己一を親愛して導いた恩人であった。宗固は蔵書家《ぞうしょか》であったから、保己一はそれを十分に利用できた。十八歳の時、衆分《しゅうぶん》の地位に進んでから、保己一の努力は一層拍車《いっそうはくしゃ》がかかり猛勉強《もうべんきょう》が更《さら》に続いた。しかし数年間にわたる過度《かど》の精神集中は健康に支障《ししょう》をもたらした。元々頑健《もともとがんけん》ではなかった保己一は二十歳前後、病《やま》いがちになる。この様子《ようす》を見て心配した雨富師匠《あめとみししょう》はこう言った。

「為《な》すことあらんと思う者も病いがちでは、それを遂《と》げることは出来《でき》ぬ。病いある人が旅に出てそれが治《なお》ることもよくあるものだ。思うにお前の病気もそういう性質のものらしい。お前に五両《りょう》の金をあげるから、私に代《かわ》って伊勢神宮《いせじんぐう》に参詣《さんけい》してきてくれ。金に余裕《よゆう》があったら伊勢以外にも廻《まわ》り、金がなくなったら帰ってくるつもりでのんびり行ってくるがいい」

師匠はこの旅に父親に同行してもらえと言ってくれた。雨富はかくも保己一を親愛してやまなかった。保己一と父の宇兵衛《うへえ》は師匠の恩愛《おんあい》に手を合わせた。五両は今のお金で百五十万円ほど。二人は二ヵ月も旅したが十分足りた。

親子は東海道を上《のぼ》り、まず伊勢に行き内宮《ないくう》・外宮《げくう》を拝《はい》し、雨富師匠はじめ御恩《ごおん》を受けた人々の平安《へいあん》を祈った。そのあと京都に上《のぼ》り御所《ごしょ》始め数々の神社・仏寺《ぶつじ》を参拝《さんぱい》した。それから大坂、兵庫、紀州《きしゅう》、奈良、吉野までまわり、社寺《しゃじ》、名所旧蹟《めいしょきゅうせき》を尋《たず》ねた。どこに行っても宇兵衛《うへえ》が懇切《こんせつ》に説明してくれた。保己一《ほきいち》の生涯にとり忘れがたい親子の楽しい旅であった。吉野では恰度《ちょうど》桜の花盛りであった。西行庵《さいぎょうあん》で保己一はこう詠《よ》んだ。

盛りには　いづれをそれと　しら雲の
　かかるも匂《にお》ふ　みよしのの花
(花の吉野山の白雲のもと桜が今が盛りと美しく咲き香《かお》っていることだ)

また京都では天神《てんじん》様と仰がれた菅原道真《すがわらのみちざね》を祭る北野天満宮《きたのてんまんぐう》に詣《もう》でたが、保己一の感激は深かった。保己一はかねて学問の神様とされる菅原道真を深く尊崇《そんすう》し学業の成就《じょうじゅ》を祈っていたから、この参拝《さんぱい》の折《おり》、北野天神《きたのてんじん》を一身《いっしん》の守護神《しゅごしん》と固く心に決めた。保己一の生涯を貫《つらぬ》いたのが天神信仰《てんじんしんこう》(天満宮信仰《てんまんぐうしんこう》)と『般若心経《はんにゃしんぎょう》』読《どく》誦《じゅ》である。

　この関西旅行により保己一は健康を回復した。自殺未遂《みすい》以来五年間、張りつめた心身《しんしん》の疲れがすっかり癒《いや》されたのである。わが国の長く尊い価値ある歴史、伝統、文化の中心である近畿《きんき》の社寺、名所《めいしょ》旧蹟《きゅうせき》を父とともにたずね、その空気や水や香《かお》りを全身で感じたことは今後の勉学にとってどんなに大きな励みになったかしれない。保己一は改めて恩師雨富検校《あめとみけんぎょう》の情愛と深い配慮《はいりょ》に感謝を捧げた。

父と参詣した北野天満宮本殿

怒《おこ》らぬ誓《ちか》い——天満宮日参《てんまんぐうにっさん》と『般若心経《はんにゃしんぎょう》』読誦《どくじゅ》

旅から帰った保己一《ほきいち》は心新たに学問に励んだ。二十四歳の時、学問の師萩原宗固《はぎわらむねかた》の勧《すす》めで、当時最も高名な国学者賀茂真淵《こくがくしゃかものまぶち》に入門した。宗固は学問の進歩が著《いちじる》しい保己一にもう自分の教えるところは少《すくな》いとして、最適《さいてき》の学者を選んでくれたのである。宗固もまた弟子思いの良師《りょうし》であった。

保己一は真淵にも認められた。真淵は半年後七十三歳で亡くなるが、わが国第一の国学者に学んだ経験は貴重《きちょう》だった。門下には歴史、文学その他各方面の有力な学者がいたから実に勉強になった。この時期、『日本書紀《にほんしょき》』をはじめとする『六国史《りっこくし》』その他多くの史書を読んだ。

保己一は学問に精進《しょうじん》するとともに、自己の人格の修養《しゅうよう》、練磨《れんま》にも深く心がけた。失明という身体的負目《おいめ》を持つゆえに、何をするにせよ人々に助けられ世話を受ける生活をしなければならない。師匠《ししょう》や本を読んでくれる多くの人々の恩情《おんじょう》を一時《ひととき》も忘れてはならなかった。そして神仏《しんぶつ》、天地及び人々の恩恵《おんけい》に感謝する心、誠《まこと》の心、正直を本《もと》としてあくまで慎《つつし》みと謙虚《けんきょ》さを失わずに生活することを深く心に期《き》した。その頃保己一は怒《おこ》らぬ誓《ちか》いを立てている。保己一の伝記資料にこうある。

「先生の思うには『どんなことでも一業《いちぎょう》を成《な》し遂《と》げようとする者は、感情的に怒る気持に支配されるようでは成就《じょうじゅ》しえない』と。そこで心の中に誓いを立て、年ごとにこの一年間絶対にそういう気持を起こさぬようにと祈り実行した。

ある日、麹町《こうじまち》を通りかかったとき、子供が道にいてしきりに嘲《あざけ》り笑い道をふさいで通行の邪魔《じゃま》をする者さえいたが、先生はおだやかな顔に笑いを湛《たた》えてしたいようにさせておいたものだから、腕白小僧《わんぱくこぞう》らもどうにもならず退散《たいさん》してしまったという。このようにして大願成就《たいがんじょうじゅ》の日まではじめの誓いを変えることがなかった」

保己一は麹町にある平河天満宮《ひらかわてんまんぐう》(祭神菅原道真《さいじんすがわらのみちざね》)に日参《にっさん》していたが、ある雨の日下駄《げた》の鼻緒《はなお》を切ってしまった。境内《けいだい》に住んでいた前川という板木師《はんぎし》のところに行って、鼻緒《はなお》を立てて下さいと頼んだ。すると前川は「按摩《あんま》のくせに」と縄《なわ》を投げ与えて「これで鼻緒を立てて行け」と言い捨てた。保己一《ほきいち》は黙ってそれを拾って立ち去った。

それから十数年後、『群書類従《ぐんしょるいじゅう》』の出版に当《あた》り、保己一は前川に版木彫《はんぎちょうこく》刻の依《い》頼《らい》をした。その時「十幾年《いくねん》前のあの日、『按摩のくせに』とそなたに言われて奮《ふん》発心《ぱっしん》をさらにあらため修養に励むこととなりました。これについて厚くそなたにお礼を申さねばなりませぬ」と語った。前川は平伏《へいふく》して恐れ入り精一杯《せいいっぱい》つとめたという。このように保己一はよく忍耐《にんたい》に努め、自己の感情を抑制《よくせい》し統制《とうせい》したのである。平河天満宮《ひらかわてんまんぐう》に日参《にっさん》し日々祈り怒《おこ》らぬ誓いを立て常に謙虚《けんきょ》な姿勢を崩《くず》さず、大願成就《たいがんじょうじゅ》のため生涯修養を努めたところに保己一の偉さがあった。

三十歳になったとき、衆分《しゅうぶん》の上の地位である勾当《こうとう》に進んだ。ここに至るには多額の金を必要とした。この時も雨富《あめとみ》師匠《ししょう》が百両(約三千万円)を保己一に与えた。勾当になれば収入も増え今後の学問修業が一層《いっそう》しやすくなるから、師匠は手助けしてくれたのである。全く有難い師匠であった。

保己一には金の蓄《たくわ》えがほとんどなかった。収入は生活費以外本代に消えたからである。保己一は三十八歳のとき最上位の検校《けんぎょう》となった。検校になると収入がはるかに増大する。しかし保己一は『群書類従』の出版事業に収入のほとんど全てを注《そそ》いだから、生涯貯蓄はなく逆に莫大《ばくだい》な借金を抱《かか》えたまま亡くなるのである。保己一の私生活は質素そのものであった。

保己一は勾当に昇進《しょうしん》する時にも平河天満宮《ひらかわてんまんぐう》に日参《にっさん》するとともに、やはり『般《はん》若心経《にゃしんぎょう》』の百巻読誦《どくじゅ》を欠かさず千日を以《もっ》て満願《まんがん》と定めたが、九百日目に勾当になることが出来《でき》た。以後亡くなるまで保己一は『般若心経』を二百万巻以上読誦した。天満宮参拝も一日も欠かすことはなかった。こうした保己一の至誠《しせい》と謙虚《けんきょ》さにもとづく立派な人格は、この神仏《しんぶつ》へのひたむきな祈りがもとにあるのである。

3、『群書類従《ぐんしょるいじゅう》』の編纂《へんさん》・出版《しゅっぱん》
——前人未踏《ぜんじんみとう》の文化的大事業

発願《ほつがん》

安永《あんえい》八年(一七七九)の元旦、三十四歳を迎えた保己一《ほきいち》は平河天満宮《ひらかわてんまんぐう》に誓い、『般《はん》若心経《にゃしんぎょう》』百万巻読誦《どくじゅ》の願《がん》を立てた。その願いが約千部の文献集《ぶんけんしゅう》すなわち『群書類従』の編纂・出版である。一日百巻、百万巻(約三十年間)を読み終えるまでに刊行《かんこう》を遂《と》げたいという発願《ほつがん》であった。

保己一はどうしてこのような願いを立てたのであろうか。学問・読書が広く深くなるにつれて、保己一は大事なことに気づいた。ひとつはわが国古来《こらい》の貴重《きちょう》な古典《こてん》、古文書《こもんじょ》、各種の記録が時代を経《へ》るとともに、散逸《さんいつ》あるいは焼失《しょうしつ》していっていることである。もう一つは神社、仏寺《ぶつじ》はじめ各所に埋《う》もれている誰にも読まれぬ世に知られぬ記録が実《じつ》に数多いことである。

盲人《もうじん》学者塙保己一《はなわほきいち》の名が段々高くなり、保己一はあちこちの蔵書家《ぞうしょか》の書庫《しょこ》を見せてもらい、それらの一部ないし全部を読みきかせてもらうにつけ、価値ある多くの書物・文書・記録が人々の目に触れぬまま放置《ほうち》された状態にあることに気づくのである。せっかくの宝物が一部の者にしか利用できない。また全《まった》く誰にも知られず長い年月死蔵《しぞう》されたままになっている諸種の記録の実態《じったい》を知り、こんな勿体《もったい》ないことはないと思ったのである。

保己一はこれらの書物、記録を分類して編纂・出版するならば、好学者《こうがくしゃ》にとりどれほど役立つことであろうと思った。そしてまた出版することにより貴重な書物、記録が後世《こうせい》に永久《えいきゅう》に遺《のこ》ることが、世のため人のためになる尊い仕事でもあると考えたのである。こうして『群書類従《ぐんしょるいじゅう》』編纂《へんさん》・出版《しゅっぱん》というかつてない事業が開始されるのである。それは全く保己一《ほきいち》の高い見識《けんしき》に基づく非凡《ひぼん》の着想《ちゃくそう》であった。

しかしそれは名状《めいじょう》に尽《つく》しがたい艱難辛苦《かんなんしんく》そのものの仕事であった。仕事は大きくわけて次の通りである。まず第一は書物《しょもつ》、記録の収集《しゅうしゅう》だがこれが大仕事である。神社、仏寺《ぶつじ》、公家《くげ》、幕府、諸藩の文庫《ぶんこ》、個人の書庫《しょこ》、あらゆる方面に眠っている文献《ぶんけん》を隈《くま》なく探し求めなければならない。保己一は自分で足を運ぶだけではなく弟子《でし》たちを各地に派遣《はけん》して文献を調査、筆写《ひっしゃ》せしめた。異本《いほん》がある場合、全ての異本を筆写させる。

次に保己一はこれらの文献全てを弟子に読ませ聴き取って一行《ぎょう》一句《く》記憶する。全く大変な作業である。

次に文献の取捨選択《しゅしゃせんたく》と校閲《こうえつ》・校正《こうせい》である。異本がある場合、ひき比べてどれが正しいかを決定する。保己一はそれまでに読んだ書物を全て記憶しているから、正しい判断を決して誤らなかった。

最後は文献を二十五部門に分類することである。こうして編纂を終えた後、出版となる。この編纂作業は世《よ》に卓越《たくえつ》した学問・見識を持つ大学者でなければとうていできることではない。全盲《ぜんもう》であった保己一の辛苦《しんく》は目明《めあ》きの人間の想像を絶するものがあった。保己一は四十一年間この人間業《にんげんわざ》を超《こ》えた大仕事に全身全霊《ぜんしんぜんれい》を捧《ささ》げたのである。全盲の人が成《な》し遂《と》げた仕事として世界にこれ以上のものはない。

雨富《あめとみ》師匠《ししょう》の死

保己一は三十八歳のとき検校《けんぎょう》に進んだ。町人とはいえ検校の社会的地位は高い。『群書類従』の編纂事業を推進する上に、この地位は大いに役立つのである。

誰よりも悦んでくれたのは恩師の雨富だが、翌年亡くなる。死の直前、病床の雨富は保己一を呼びこう語った。

「私は今まで人に貸しておいた金がいくらかある。その中には私が生きていても返すことのできない人のものもあるが、そういう事情の人の証文《しょうもん》はみな焼き捨ててしまった。そして返済《へんさい》を求めるのが当然と思われる証文だけを残しておいた。これを譲る子もない私だ。私が死んだらそれらの証文はお前に譲るから、それぞれ返済を求めて役に立てるがよい」

保己一《ほきいち》が『群書類従《ぐんしょるいじゅう》』編纂事業《へんさんじぎょう》のため収入の全てを投入《とうにゅう》していることを知っている雨富《あめとみ》は、最後までかくも保己一を親愛し支援してやまなかったのである。

保己一は涙を拭《ぬぐ》ってこう答えた。

「私が郷里を出ましたときは露《つゆ》ばかりの蓄《たくわ》えしか持ちませんでしたのに、先生のお恵みによって今は検校《けんぎょう》にさえなりました。そのご恩は無上《むじょう》に厚いものでございます。その上に何を頂《いただ》くことができましょうか。それらの証文はまだ職分《しょくぶん》にもついていない他の門人《もんじん》にお与え下さるようお願い致します」

保己一が検校の高位《こうい》に進み得たのも、学者として世に出て『群書類従』編纂事業を開始できたのも、全てこのかけがえのない恩師の導きのお蔭《かげ》であった。勾当《こうとう》に進んだとき「塙《はなわ》」という姓を持ったが、それは師匠《ししょう》の本姓《ほんせい》をいただいたのである。『塙保己一《はなわほきいち》』の著者太田善麿《おおたよしまろ》は、「保己一の真意《しんい》は一生いや子孫末代《しそんまつだい》にかけてこの師から離れることはないというところにあったのであろう」とのべている。雨富は常陸国《ひたちのくに》茨城郡市原村の農家出身である。

恩師の厚意《こうい》を涙を以て辞退《じたい》した保己一の慎《つつ》ましく節度《せつど》ある態度は立派であった。師匠の恩恵に甘えてそれを独占することなく、いまだ恵まれぬ地位の低い他の門人に譲る保己一の謙虚《けんきょ》で思いやり深い人間性こそ、多くの人々が保己一を親愛し善意を寄せ続けた所以《ゆえん》であった。

盲人学者の名声高まる

多くの門人を教え学者としての名がいよいよ高くなった保己一は四十歳の時、水戸藩主《みとはんしゅ》徳川治紀《はるのり》に謁見《えっけん》を賜《たまわ》った。次いで四十四歳の時、『大日本史《だいにほんし》』の校閲《こうえつ》・校正《こうせい》に携《たずさ》わることになった。本格的学者として天下《てんか》に認められたのである。

保己一を推挙《すいきょ》したのは『大日本史』を編纂している水戸藩の史局《しきょく》である彰考《しょうこう》

館総裁立原翠軒《かんそうさいたちはらすいけん》である。立原は水戸を代表する名高い学者であったが、保己一《ほきいち》と会い彼が聞きしに優《まさ》るすぐれた学問見識《がくもんけんしき》を有する稀有《けう》の学者であることを確信し得た。始め彰考館《しょうこうかん》の学者の中には、何も盲目の町人学者に校閲《こうえつ》・校正《こうせい》させることはあるまい、彰考館の恥辱《ちじょく》ではないかと異《い》を唱える者もあった。立原はこうのべている。

「塙《はなわ》が盲目となったのは病気の為で身分《みぶん》の尊卑《そんぴ》とは関係がない。塙は文学を業《ぎょう》として多くの人々が師の礼をいたして学んでいる。その学説にもとるべきものが多い。どこに目あき、目くらの差別をする理由があろうか。もし塙を国史の校閲・校正にあずからせて、なんら有用なものが得られなかったら私が責任をとる」

こうして保己一は任用《にんよう》されたがつとめを立派に果《はた》した。それにつき後期水戸学の代表的学者藤田幽谷《ふじたゆうこく》はこう賛《たた》えている。

「寛政元年《かんせいがんねん》(一七八九)冬、瞽《こ》(盲目の人)保己一を召《め》し日本史を校《こう》す(校閲・校正する)。保己一人となり強記《きょうき》(強い記憶力)、よく皇朝《こうちょう》(皇国日本)の古書《こしょ》を誦《しょう》し(暗記し)、かたわら典故《てんこ》(典拠《てんきょ》となる故事《こじ》、故実《こじつ》、古い歴史事実)に通《つう》ず。人の紀伝《きでん》(『大日本史』の本紀《ほんき》〈歴代天皇の伝記〉と列伝《れつでん》〈天皇以外の重要人物の伝記〉を読むを聴くごとに、およその事実の乖謬《かいびゅう》（誤り）、年月の錯誤《さくご》、皆よく歴々《れきれき》と（明白に）これを言う。遂《つい》に建議《けんぎ》して（保己一は）言う。『およそ各条の注《ちゅう》するところの出典《しゅってん》、宜《よろ》しくことごとく原書《げんしょ》に就《つ》き、以《もっ》てその異同出入《いどうしゅつにゅう》を質《ただ》すべし』と」

保己一は彰考館の錚々《そうそう》（とくにすぐれていること）たる学者の誰よりも多くの古書《こしょ》を読み、しかもことごとく暗記していたから、誰一人かなう者はなく脱帽《だつぼう》して降《こう》参《さん》するほかなかったのである。

保己一が御三家《ごさんけ》の水戸家と関係を持ったことは、世間の信用をさらに高めた。やがて尾張家《おわりけ》、紀州家《きしゅうけ》への出入りが許されて、所蔵《しょぞう》する多くの書物の利用が可能となる。また数多くの神社、仏寺さらに京都の公家《くげ》等が有する書物の利用が益々便利になった。

保己一は学者としての実力が認められた四十歳過ぎから、自宅で門人《もんじん》、弟子たちを教え、古典の会読《かいどく》、講義を始めた。ある夏の夜の出来事である。保己一が『源氏物語《げんじものがたり》』の講義をしていると急に風が吹きこみ、蝋燭《ろうそく》の灯《ひ》が消えて真暗《まっくら》になった。あわてた門人たちは「先生、ちょっと待って下さい。灯が消えて文字が読めません」と言うと、保己一《ほきいち》は「やれやれ目明《めあ》きとは不自由なものですなあ」と微笑《びしょう》しながらつぶやいた。門人たちはどっと笑った。人柄がすぐれている上に常《じょう》人《じん》に抜きん出た学識を持つ盲人学者塙保己一《はなわほきいち》の名は、やがて江戸中に知られてゆき人気が高まり、そこからいくつかの逸話《いつわ》が生まれた。

あるとき「洁町」と書いた紙切れを見せて、そこに行きたいので教えてくれという人がいたが、誰もその町を知らない。そこで塙先生ならわかるだろうと尋《たず》ねてきた。保己一はしばらく考えていたが、「これは油町《あぶらまち》のことだろう。これを書いた人が油の字を知らなかったのでかたわらの人に聞いたところ、さんずいに由《よし》の字だと答えたので『洁』と書いてしまったのだろう」と答えた。その人は油町に行って用を足すことが出来《でき》た。そこで生まれた狂句《きょうく》、後々《のちのち》まで人々の口に親しまれたのがこれである。

番町《ばんちょう》で　目あき目くらに　道を聞き

番町は保己一の屋敷のあった町である。もう一つの有名な狂歌《きょうか》。

番町に　過ぎたるものは　二つあり　佐野の桜に　塙検校《はなわけんぎょう》

保己一が武士を含めて江戸の人々、庶民たちにいかに敬愛された人物であったかがわかる。

和学講談所《わがくこうだんしょ》の設立

寛政《かんせい》五年(一七九三)四十八歳の時、保己一は和学講談所を設立した。当時、国《こく》学《がく》が盛んになり賀茂真淵《かものまぶち》や本居宣長《もとおりのりなが》らにより『古事記』や『万葉集』、古語の研究が進んでいたが、まだまだ歴史や律令《りつりょう》など未開拓の分野《ぶんや》が数多く残されていた。保己一は和学講談所建設用地借用《しゃくよう》にあたり、幕府当局に願書《がんしょ》を出したがこうのべている。

「近年文華《きんねんぶんか》（学問・文芸）年を追うて相《あい》ひらけ諸道《しょどう》が繁栄しておりますが、和学《わがく》（日本の学問、国学のこと）のみ未《いま》だ行われておりません。もっとも神学《しんがく》（神道《しんとう》、『古事記』等の研究）・歌学《かがく》（『万葉集』などの研究）については契沖《けいちゅう》、賀茂真淵《かものまぶち》、本居宣長《もとおりのりなが》らが研究してきましたが、歴史・律令《りつりょう》の方面の研究はまだ行われていません。国学《こくがく》はとても重要な学問で衰退させてはなりませんのでその研究所（和学講談所）を設立致したく、その建物を立てる土地の拝借《はいしゃく》をお願い申上げます」

幕府はこれを許可した。和学講談所は直《ただ》ちに開設されたが、保己一《ほきいち》はこの講談所の名をこの年退任《たいにん》した老中首座松平定信《ろうじゅうしゅざまつだいらさだのぶ》に請《こ》うて「温古堂《おんこどう》」と名づけてもらった。松平定信は保己一の人物と事業を高く評価し、「塙検校《はなわけんぎょう》は人にあらず」と驚嘆《きょうたん》しこうのべている。

「塙検校保己一は名高き盲人《もうじん》なり。和学《わがく》をよくし、あるいは令《りょう》（律令）・式《しき》（格式《きゃくしき》）・物語ものなど講釈《こうしゃく》し、また類聚《るいじゅう》もの（『群書類従《ぐんしょるいじゅう》』など諸種の文献集）多く板行《はんこう》（出版）し、いまは水府《すいふ》（水戸藩）へ出でて日本史（『大日本史』）の校合《こうごう》（校閲・校正）にあずかる」

温古堂の「温古」は「故《ふる》きを温《たず》ねて新しきを知る。温故知新《おんこちしん》」からとられた。故も古も同じ意味である。温故堂で会読《かいどく》及び校閲・校正された書物は三十三部あったが主なものは次の通り。

『古事記』、『六国史《りっこくし》』、『律《りつ》』、『令義解《りょうのぎげ》』、『三代格《さんだいきゃく》』、『延喜式《えんぎしき》』、『歴代皇記《れきだいこうき》』、『世継《よつぎ》』、『水鏡《みずかがみ》』、『大鏡《おおかがみ》』、『今鏡《いまかがみ》』、『増鏡《ますかがみ》』、『栄花物語《えいがものがたり》』、『吾妻鏡《あづまかがみ》』、『万葉集』、『二十一代集』(古今和歌集始め二十一の勅撰和歌集《ちょくせんわかしゅう》)、『新葉和歌集《しんようわかしゅう》』、『源氏物語《げんじものがたり》』。

歴史と律令が中心だが、和歌と源氏物語も重要視された。和学講談所は四つの機能《きのう》を有した。

㈠国典《こくてん》(わが国の古典)を教授する学校。
㈡文献資料の調査、収集《しゅうしゅう》、校訂《こうてい》、編集。
㈢幕府の要求に応じての資料提出など。
㈣『群書類従』はじめ各種の出版事業。

保己一は和学講談所の中心者としてこの四方面全てにおいて陣頭《じんとう》に立ち企画、

指導、実行したのである。それにはよほどすぐれた手腕が要求されるが、保己一《ほきいち》には学者的能力に加えて経営的手腕、事業家的能力も豊かに備わっていたのである。

『群書類従《ぐんしょるいじゅう》』の完成

『群書類従《ぐんしょるいじゅう》』の刊行《かんこう》が開始されたのは安永《あんえい》八年(一七九六)五十一歳の時である。発願《ほつがん》して十八年目である。この編纂《へんさん》と出版には莫大《ばくだい》な金がかかった。保己一は検校《けんぎょう》として得られる収入のほとんどを投入《とうにゅう》したがとても足りず、篤志家《とくしか》から多額の借金をした。大坂の豪商《ごうしょう》鴻池《こうのいけ》と千葉屋《ちばや》にそれぞれ二千両借りた。負債《ふさい》は『群書類従』全巻刊行後、頒布《はんぷ》される収入により支払うことになっていたが、保己一が亡くなったとき借金はまだそのままであった。

文政《ぶんせい》二年(一八一九)ついに『群書類従』全巻の刊行が完了した。七十四歳の時であり今から恰度《ちょうど》二百年前である。六百六十六冊、版木《はんぎ》一万七千二百四十四枚

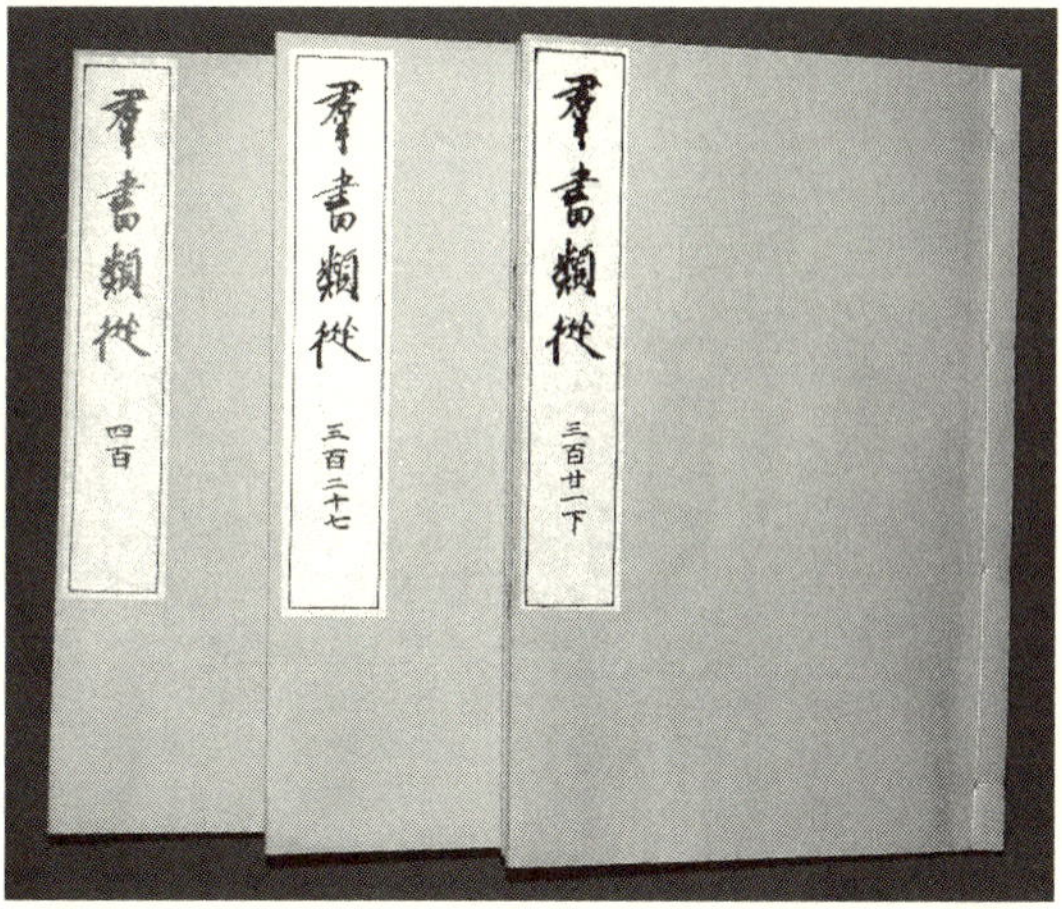

666 冊の『群書類集』の一部（本庄市教育委員会所蔵）

である。版木は材質が硬《かた》く木目《きめ》の細《こまか》い耐久力《たいきゅうりょく》のある桜の木である。昭和三十二年、国の重要文化財に指定された。

収録文献数は千二百七十七種である。ここに収められている文献《ぶんけん》は、あちこちに散らばっている一巻、二巻という小部の記録である。『古事記』、『日本書紀』、『万葉集』、『太平記』などの大部のものは入っていない。それらは散逸《さんいつ》、消失《しょうしつ》の可能性が少《すく》ないから、三巻以上の書物は入れなかったのである。

保己一はこれらを二十五部門に分類した。『群書類従』という意味は数多くの書物を種類ごとに従い分類するということである。「部立《ぶだて》」というが次のとおりである。

神祇《じんぎ》（神々・神道）・帝王《ていおう》（天皇）・補任《ぶにん》（朝廷の人事）・系譜《けいふ》・伝《でん》（伝記）・官職《かんしき》・律《りつ》令《りょう》・公事《くじ》（朝廷の任務・儀式《ぎしき》）・装束《しょうぞく》・文筆《ぶんぴつ》・消息《しょうそこ》（手紙）・和歌・連歌《れんが》・物語・日記・紀行《きこう》・管弦《かんげん》・蹴鞠《けまり》・鷹《たか》・遊戯《ゆうぎ》・飲食・合戦《かっせん》・武家《ぶけ》・釈家《しゃくけ》（仏教のこと）・雑《ざつ》（その他）

この部立《ぶだて》に国学者としての保己一《ほきいち》の信念と見識が明《あきら》かに示されている。第一が神祇部《じんぎぶ》、第二が帝王部《ていおうぶ》である。武家部は第二十三部、釈家部《しゃくけぶ》は第二十四部におかれた。つまり最初に神道《しんとう》と天皇をおき、武家と仏教を最後においたのである。保己一はこれによりわが国の根本とは何か、本《もと》と末《すえ》を明示《めいじ》したのである。『群書類従《ぐんしょるいじゅう》』は文献集・史料集だから、そこには何一つ保己一の個人的意見はのべられていない。しかし保己一はこの部立《ぶだて》により天皇、朝廷《ちょうてい》を仰《あお》ぎ戴《いただ》く皇国《こうこく》日本固有《こゆう》の精神、歴史、伝統、文化を明《あきら》かにせんとしたのである。当時は幕府の全盛時代であった。保己一は松平定信ら幕府首脳《しゅのう》の支持は受けたが、決して幕府に阿諛迎合《あゆげいごう》（おもねり、へつらうこと）はしなかった。

こうして前人未踏《ぜんじんみとう》の一大文献集、国史国文の最大の史料集が完成された。本来ならば国家的事業として幕府がしなければならない仕事であったが、全盲の学者塙保己一《はなわほきいち》が自己の全てを捧《ささ》げ莫大《ばくだい》な借金をして個人的事業としてこれを成《な》し遂《と》げたのである。目の見える誰もが思いつかなかったこの仕事を四十年間をかけて成就《じょうじゅ》したことは、いかに賛嘆《さんたん》してもしすぎることのないこの上なき価値ある尊い文化的大事業であったのである。

保己一の文献編纂事業《ぶんけんへんさんじぎょう》は明治時代、国家的事業として継承《けいしょう》され、それは今日、東京大学史料編纂所《へんさんじょ》の『大日本史料《だいにほんしりょう》』の編纂・刊行に引き継がれている。

なお保己一は『群書類従』の刊行が軌道《きどう》に乗りはじめると『続群書類従《ぞくぐんしょるいじゅう》』の企画をし、それは死後、子孫や門人《もんじん》の手によって一一八五冊もの大史料として完成された。今日、正続《せいぞく》合わせて約百巻の書物(活版印刷《かっぱんいんさつ》)となって国史・国文を研究する学者に必須不可欠《ひっすふかけつ》の文献として活用されている。

4、尊皇心《そんのうしん》と天神《てんじん》(天満宮《てんまんぐう》)信仰

晩年の活躍

保己一《ほきいち》は順調に進む『群書類従《ぐんしょるいじゅう》』の出版と並行《へいこう》して、晩年各種の和書《わしょ》を刊行した。その代表的なものは『六国史《りっこくし》』のうちの『日本後紀《にほんこうき》』及び『令義解《りょうのぎげ》』である。『令義解』は養老令《ようろうりょう》の注釈書《ちゅうしゃくしょ》でわが国上代史《じょうだいし》の根本的資料だが、中世を経《へ》て完全な伝本《でんぽん》を失った。近世になって逸文《いつぶん》(散失《さんしつ》した文章)を補《おぎな》う努力が重ねられたが、保己一はさらにそれを推《お》し進め『令義解』の原型《げんけい》をほぼ復元《ふくげん》することができた。『令義解』の編者の一人が先祖の小野篁《おののたかむら》であった。先祖の遺《のこ》したものを子孫が約千年後に復元・刊行してこれを学ぶ者の共有物にした功績もまた大きい。

保己一は文献資料調査のため生涯九回近畿《きんき》方面に旅している。文化《ぶんか》三年(一八〇六)六十一歳の上京時には、京都や大坂の学者、名士《めいし》たちが面会を求め、旅宿《りょしゅく》は一日中来訪者《らいほうしゃ》が絶えなかった。往復の道中、東海道・中山道《なかせんどう》の各地においても歓迎され、人々は競って保己一に教えを請《こ》うた。全盲の大学者塙保己一《はなわほきいち》の名は江戸のみならず全国に鳴り響いていたのである。

一方、検校《けんぎょう》としても活躍、四十六歳の時、幕府より新たに設けられた盲人一座《もうじんいち　ざ》の座中取締役《ざちゅうとりしまりやく》に任命されている。当時座中《ざちゅう》において家業を怠《おこた》り私欲にふける盲人が少なからず出たため幕府はこの役目を置き、検校中人格的に最もすぐれた保己一にもう一人の検校とともに担《にな》わせたのである。『群書類従』編纂で多忙《たぼう》を極《きわ》めていたが、保己一は謹《つつし》んで拝命《はいめい》し精一杯《せいいっぱい》努めた。保己一はこれまで雨富《あめとみ》師匠《ししょう》始め多くの盲人並びにそのほかの人々のはかり知れない恩恵を受けてきた。そのご恩返しの一端《いったん》として盲人一座の改善に寸暇《すんか》を割《さ》いて骨を折ったのである。

享和《きょうわ》三年(一八〇三)五十八歳の時、盲人一座の総録《そうろく》職《しょく》に任命された。総録は検《けん》校《ぎょう》の中から三年交替《こうたい》で選ばれ、関東八州の盲人を取締《とりしま》る職で京都にいる総検《そうけん》校《ぎょう》に次ぐ地位である。次いで六十歳の時、盲人一座の十老《じゅうろう》(検校の中の最長老十人の一人)に列《れっ》した。さらに七十歳の古稀《こき》を迎えたとき、長年の功労を認められ時の将軍(第十一代家斉《いえなり》)にお目見《めみ》えを許された。全《まった》く破格《はかく》の待遇《たいぐう》であった。文政《ぶんせい》四年(一八二一)七十六歳のとき総検校となりついに盲人として最高位に達し、この年九月十二日病《やま》いのため亡くなった。二年前に『群書類従《ぐんしょるいじゅう》』(正篇六六六冊)の出版を完了していたから、学者としても検校としても真《しん》に為すべきことを成し遂げた大往生《だいおうじょう》であった。

信仰の力——天神《てんじん》信仰(天満宮《てんまんぐう》信仰)

保己一《ほきいち》のなしとげた仕事は全く人間業《にんげんわざ》を超えるものであった。古今東西、盲人《もうじん》としてこれほどの偉業を達成した人はいない。どうして出来《でき》たのであろう。それは保己一の類稀《たぐいまれ》な天より稟《う》けた大才《たいさい》と克己《こっき》精励《せいれい》の努力の賜物《たまもの》であるが、それだけではない。それは信仰の力である。

江戸時代、ほとんどの日本人はみな神仏《しんぶつ》（かみ・ほとけ）への深い信仰を抱《いだ》いていたが、保己一はことにそうであり、神仏への信仰は誰よりも篤《あつ》かった。保己一の信仰は第一に天神（天満宮）信仰、第二に『般若心経《はんにゃしんぎょう》』である。

まず天神信仰についてのべよう。保己一は二十一歳の関西旅行のとき北野天満宮《きたのてんまんぐう》にお参りして、学問の神様・菅原道真公《すがわらのみちざねこう》を一身《いっしん》の守護神《しゅごしん》として仰《あお》ぎ戴《いただ》く決心をした。以後、北野天満宮の信仰（天神信仰）は生涯を貫く堅信《けんしん》となり、年を経《へ》るほどに盛んになった。麹町《こうじまち》にある平河天神《ひらかわてんじん》への参詣《さんけい》は朝食前に一日も欠かすことなく一生続けられた。

保己一はどうしてこうも熱烈《ねつれつ》な天神信仰を抱《いだ》いたのだろう。それは菅原道真が学問の神として長らく日本人に尊敬されてきた為である。「天神様《てんじんさま》」「菅公《かんこう》」とよばれた菅原道真は平安時代を代表する政治家であり、かつ並びなき最高の詩人であり学者であった。菅公の学者としての顕著《けんちょ》な仕事が『類聚国史《るいじゅうこくし》』（二百巻）の編《へん》纂《さん》であった。これは『六国史《りっこくし》』を分類してまとめあげたものである。つまり『群《ぐん》書類従《しょるいじゅう》』と仕事の内容が似ている。その際記載《きさい》された事柄を分類する時、菅公《かんこう》は第一に神祇部《じんぎぶ》、第二に帝王《ていおう》(天皇)部《ぶ》を置き、最後に仏道部《ぶつどうぶ》をおいた。

菅公は天皇に忠節《ちゅうせつ》を捧《ささ》げた人物であったから、あくまで天皇を戴《いただ》くわが国体《こくたい》に基《もと》づき、最も大切な神祇《じんぎ》と帝王《ていおう》(天皇)の部門を第一と第二におき、外来《がいらい》の仏教を最後においた。奈良時代から平安時代にかけてシナの文物《ぶんぶつ》が流入し仏教が栄えた時世《じせい》だが、菅公は『類聚国史《るいじゅうこくし》』の編纂《へんさん》においてさすがに見識《けんしき》を誤らなかった。保己一《ほきいち》は『群書類従』の部立《ぶだて》において、この『類聚国史』をお手本としたのである。それゆえに全く同様に神祇を第一、帝王を第二として、仏教を最後としたのである。保己一《ほきいち》は『群書類従』の編纂・出版の成就《じょうじゅ》は、ひとえに「一身《いっしん》の守護《しゅご》神《しん》」たる天満宮《てんまんぐう》のご神慮《しんりょ》によるものと固《かた》く信じて疑わなかったのである。保己一は「楽しむ所は読書に如《し》くはなく、慕《した》う所《ところ》は菅神《かんしん》(天神《てんじん》)に如《し》くはなし」と常に言っていた。菅公の保己一への感化、影響は決定的なものがあったのである。

『般若心経《はんにゃしんぎょう》』の読誦《どくじゅ》については既にのべた。三十四歳の時『群書類従』の編纂・

出版を天満宮に誓い、一日百巻、三十年間で百万巻読誦せんとしたが、結局、生涯二百二十万回も読んだのである。全《まった》く頭が下がる『般若心経』に対する熱烈《ねつれつ》な信仰であった。保己一の大事業は神仏を仰《あお》ぐ不屈不退転《ふくつふたいてん》の信念・信仰に支《ささ》えられていた。こうした神仏への信仰があって、これほどの大事業が可能であったことが思い知らされるのである。

第三巻（『日本の偉人物語3』）でのべた伊能忠敬《いのうただたか》も神仏への信仰が極《きわ》めて厚く、忠敬は日本全国の測量が出来《でき》たのは、人智《じんち》のはからいをこえた「天命《てんめい》」によるものと信じていた。保己一が『群書類従』を「神慮《しんりょ》」（神の心、神のはからい）と信じたのと同様である。江戸時代における二つの大偉業《だいいぎょう》は信仰の力によるものであったのである。

保己一の尊皇心《そんのうしん》――日本国体の自覚と誇り

保己一は文献集や古書の編纂・出版に主力《しゅりょく》を注《そそ》いだから、自分自身の信念、精神、思想についてはあまり語ってはいない。しかしこれほど多くの書物を読み誰よりも学問に励んだのだから、当然深い思想と高い見識《けんしき》を備えていた。保己一《ほきいち》の学問の根本精神は一言でいうと、尊皇《そんのう》につきる。

保己一が生涯学んだ学問は国学《こくがく》であり、保己一は国学者の一人である。当時は本居宣長《もとおりのりなが》により国学が大成《たいせい》された頃である。保己一は宣長より二十六歳年下である。宣長は天照大御神《あまてらすおおみかみ》を皇祖神《こうそしん》とする万世一系《ばんせいいっけい》の天皇を戴《いただ》く日本が万国《ばんこく》にまさる尊《とうと》くめでたい国家であり、天皇の存在が万国無比《ばんこくむひ》の日本国家の根本原理であり、わが国には外国にはない独自のすぐれた文化――神道《しんとう》や和歌の道――があることを、『古事記』や『万葉集』や物語の研究を通して明《あきら》かにしたわが国を代表する学者である。保己一もまた同時代に生きる国学者として、このような天皇観、国家観に立ち、主として歴史、律令《りつりょう》、和歌、物語等につき長年読書学問を重ねたのであった。

保己一が最も愛読した歴史物語が『太平記《たいへいき》』である。故郷の寺子屋で和尚《おしょう》さんが特別に読んでくれた忘れがたい物語である。さらに保己一が尊重し最も愛好《あいこう》した歌集は『新葉和歌集《しんようわかしゅう》』である。第一巻(『日本の偉人物語1』)でのべたが、坂本《さかもと》龍馬《りょうま》が座右《ざゆう》においた歌集である。保己一が熱烈《ねつれつ》な尊皇心《そんのうしん》を抱《いだ》く朝廷崇拝者《ちょうていすうはいしゃ》であるということは、保己一が『太平記』と『新葉和歌集』を愛重《あいちょう》したということは、保己一が熱烈な尊皇心を抱く朝廷崇拝者であるということである。それは後醍醐天皇《ごだいごてんのう》に忠誠《ちゅうせい》を捧《ささ》げた楠木正成《くすのきまさしげ》を高く仰《あお》ぐ心であり、後醍醐天皇に反逆《はんぎゃく》した足利高氏《あしかがたかうじ》をあるまじき日本人として否定する精神である。足利高氏とその孫足利義満《よしみつ》は臣下《しんか》として天皇に最も不忠《ふちゅう》を働いた人物で、足利家の本質は最も道義《どうぎ》に反するものと見たのであった。それは明治維新《めいじいしん》の志士《しし》たちと全く同一の精神であったのである。

保己一の行ったことは史料、文献《ぶんけん》集の編纂・出版であり、著作はほとんどなく自己の思想を語ることは少《すく》なかったが、かかる烈々《れつれつ》たる尊皇心を内に秘めていたのである。それでこそ国学者である。ただ単に大文献集を刊行《かんこう》したのではなく、これを学ぶ者が国体《こくたい》の尊厳《そんげん》を知り大義名分《たいぎめいぶん》、道義の上に立つ日本人になることを念《ねん》願《がん》したのである。保己一もまた明治維新の先駆者《せんくしゃ》といってよいのである。

保己一は国学者として皇国《こうこく》日本が万国《ばんこく》に卓越《たくえつ》するすぐれた尊《とうと》い国柄《くにがら》をもつ国家

との絶対的な信念、確信を持っていた。そしてそのことをよくわきまえ正しく知るために必要となる国史国文の一大史料集を出版したのである。保己一《ほきいち》の人間離れした大活動の原動力は結局、万邦《ばんぽう》に比類《ひるい》なき日本国体《にっぽんこくたい》の尊厳《そんげん》に対する自覚と誇りにあったのである。

大和言葉《やまとことば》の正しき道・和歌の尊重《そんちょう》

保己一の和歌を愛重《あいちょう》する心は並たいていではなかったから、自ら多くの和歌を詠《よ》んでいる。既述《きじゅつ》以外の代表的な歌をあげよう。

すべらぎの　御代長月《みよながつき》の　しるしとや
　たえぬ内外《うちと》の　神のみてぐら

※すべらぎ＝天皇　内外の神＝伊勢神宮内宮《ないくう》・外宮《げくう》　みてぐら＝神に奉るものの総称

（伊勢神宮への崇敬《すうけい》の心を詠んだもの）

大君《おおきみ》の　恵《めぐ》みを四方《よも》に　しきしまの
　都の手ぶり　千代《ちよ》もかはらじ

※大君＝天皇　しきしま＝敷くと敷島《しきしま》（日本）を掛けている　都の手ぶり＝天皇
　のまつりごと

（保己一の深く厚い尊皇の心を詠んだもの）

年々《としどし》に　茂《しげ》りそひつつ　言《こと》の葉《は》の
　ただしき道ぞ　代々《よよ》にさかえむ

そのままに　神代《かみよ》のすがた　伝へこし
　大和言葉《やまとことば》の　道ぞただしき

月星《つきほし》の　国のをしへも　伝へ来《き》て
　わが日本《ひのもと》に　しきしまの道

※月星の国のおしえ＝インドの仏教、シナの儒教

この三首は「言《こと》の葉《は》のただしき道」「大和言《やまとこと》の葉《は》の道」「しきしまの道」である和歌の道の尊さを詠《よ》んだものである。仏教や儒教《じゅきょう》が外から伝えられたが、わが日本には「しきしまの道」とよばれる大和言葉《やまとことば》の正しい道が今日にいたるまで厳存《げんそん》して亡びることはないという歌意《かい》である。日本人の生き方、日本文化、日本文明の根幹《こんかん》をなしているのが大和言葉であり、日本人の心の奥底にある深い心情――天皇信仰、祖先崇拝《そせんすうはい》、自然崇拝《しぜんすうはい》、自他一体の結びの感情――を三十一字の優雅《ゆうが》な美しい大和言葉でうたい上げたものが和歌である。

わが頼《たの》む　北野《きたの》の森《もり》に　引《ひ》く標《しめ》の
　長き日陰《ひかげ》の　春は来《き》にけり

※北野の森＝北野天満宮　引く標＝神社にひきめぐらしている標《しめ》なわ
（保己一《ほきいち》の北野天満宮に対する信仰を詠んだもの）

何ごとも　見えぬに馴《な》れて　なげかねど
　富士《ふじ》としきけば　涙流るる
（何も見ることのできぬことに馴れてしまい嘆くことはないけれども、ただ富士山だけは見られないことが悲しく涙がこぼれる。日本人の富士山に対する言いしれぬ気持を詠んだもの）

四季を詠んだものにもよい歌が多い。

茂《しげ》り添《そ》ふ　若葉《わかば》涼《すず》しく　吹《ふ》く風《かぜ》も
　目にこそ見えね　夏は来《き》にけり

菖蒲《あやめ》ひく　沼津《ぬまづ》の里《さと》は　旅人《たびびと》の
　袖《そで》にも薫《かお》る　露《つゆ》の朝風《あさかぜ》

秋来《あきき》ぬと　浦《うら》わの波も　声そえて
　松風《まつかぜ》高き　志賀《しが》の辛崎《からさき》

保己一《ほきいち》を支えた女性たち

保己一《ほきいち》がこれほどの事業を成就《じょうじゅ》しえたのは、数多くの人々の善意と温情《おんじょう》があったからだが、中でも家族の協力と支援は格別《かくべつ》であった。

両親ことに慈母《じぼ》きよのことは既述した。保己一は三十七歳の時に結婚した。妻は御三家《ごさんけ》・紀州《きしゅう》徳川家の医師の養女テイである。ところが三年後離縁《りえん》した。保己一は『群書類従《ぐんしょるいじゅう》』の編纂《へんさん》に全力を傾け、お金は全てこの仕事に投入《とうにゅう》したから質素な生活を送り蓄《たくわ》えもなかった。仕事中毒《ちゅうどく》のような夫《おっと》の姿を見て、いまだ年若い十代の妻は新婚生活の甘い夢を打ち砕《くだ》かれて失望落胆《しつぼうらくたん》不満がつのり、生まれたばかりの娘とせ子を残して家を去ったのである。保己一はまじめで善良な人間だったが、女性の接《せっ》し方《かた》に不慣《ふな》れで新妻《にいづま》への配慮《はいりょ》が欠けた。保己一は深く反省させられたのである。

そのあと御家人西又次郎《ごけにんにしまたじろう》の娘たせ子と再婚した。たせ子はすぐれた女性で保己一をよく支《ささ》えるとともに、とせ子に深い愛情を注《そそ》いで育て上げた。たせ子は学問の素養《そよう》もあり美しい文字を書き、保己一に書物を読んで聴かせたり、保己一の口述《こうじゅつ》の筆記をしたり版木《はんぎ》の下書《したがき》の清書《せいしょ》までした。とせ子はこの継母《けいぼ》を実の母と思って慕ったが、後年この継母について「まるで父の手伝いが出来《でき》るのが楽しくてしかたがないといった風《ふう》でした」と語っている。保己一はたせ子を迎えたことを悦び、先の苦《にが》い体験を反省してたせ子を深く思いやった。二人は仲睦《なかむつ》まじかった。仲秋《ちゅうしゅう》の満月の時のことである。保己一は訪れた客と楽しく語らい次の俳句を詠《よ》んだ。

花ならば　さぐりても見む　今日《きょう》の月

庭に美しい花が咲いているならばそこに手探《てさぐ》りしても行けるが、夜空の美しい満月はそうできない。名月を見ることのできない残念さをこう詠《よ》んだのである。するとそばにいたたせ子は涙をうかべてこう詠んだ。

十五夜《いざよい》は　座頭《ざとう》の妻の　泣く夜《よ》かな

座頭とは盲人《もうじん》。夫《おっと》は満月を見ることができない、お気の毒にとたせ子は頬《ほお》を濡《ぬ》らしたのである。

二人の間には寅之助《とらのすけ》が生まれた。保己一《ほきいち》が四十五歳の時だが八歳で病死した。当時としては老齢だから、保己一は事業を受けつぐ跡継《あとつ》ぎがどうしてもほしかった。ところがたせ子はあまり丈夫《じょうぶ》でなく病気がちの体であった。跡継ぎの男子を生みたかったが、その体ではとうてい無理だった。悩み苦しんだ末、たせ子はほかの女性に敬愛する夫の子を産んでもらうしかないと考えるのである。このとき保己一の家で奉公《ほうこう》していたイヨという十代なかばの女性がいた。娘とせ子の一つ上で二人は姉妹《しまい》のような仲の良い間柄《あいだがら》で、イヨは家族同様に扱われていた。たせ子は保己一とイヨに自分の決心を打《う》ち明《あ》けた。

こうして保己一とイヨの間には三人の男の子が生まれた。一人が亡くなり二人が育ち末弟忠宝《まってぃただとみ》が父の跡を継ぎ和学講談所を相続して『群書類従《ぐんしょるいじゅう》』続篇の編纂《へんさん》が進められることになる。

たせ子は保己一が五十九歳の時、イヨがはじめの子供を生んだ二年後病死した。娘のとせ子は二十二歳のとき、父の門人《もんじん》で旗本の次男中津金十郎《なかつきんじゅうろう》と結婚した。二人は相思相愛《そうしそうあい》の仲だったが九年後離縁《りえん》した。不和《ふわ》の為《ため》ではなかった。保己一はその年、二人の男子を生み育ててくれたイヨの為を思い、イヨを他家に嫁《とつ》がせた。そのため父とまだ幼少の二人の世話をする人がどうしても必要であり、とせ子はその役目を引受けた。夫《おっと》を深く敬愛していたが涙を呑《の》んで別れるのである。金十郎はとせ子の心を深く理解して、「二人は離れても心まで離れることはない」と言った。

しかしその後も金十郎は屋敷に出入りして、門人《もんじん》として保己一《ほきいち》に尽した。腹違《はらちが》いの二人の弟はとせ子を母のように慕った。跡継ぎの忠宝《ただとみ》は金十郎を兄のように慕った。他家に嫁いだイヨは幸せな生涯を送った。

これが保己一のまわりにいた四人の女性についてのあらましである。この四人は盲目の学者塙保己一《はなわほきいち》を支《ささ》える上に並々ならぬ苦労を重ねた女性であった。とせ子は自分を置いて出ていった母のテイを決して恨《うら》まなかった。「父という人物、その父の生き方が理解できなかった母がむしろ不憫《ふびん》に思われてならないのです」と思いやっている。とせ子は継母《けいぼ》たせ子とイヨについてはこう語っている。

「たせ子は父とともに歩んだ人生を後悔《こうかい》したでしょうか。先妻《せんさい》の娘を育て、自分の子は幼くして亡くし、苦悩の中で愛する夫《おっと》の子を若い奉公娘《ほうこうむすめ》に生んでもらった。なんとも言葉で言い表わせない数奇《すうき》(不遇《ふぐう》・不幸せ)な運命でした。しかしその厳しい境遇《きょうぐう》のもとで喜んで盲目の夫のために本を読み代《かわ》って文字をしたため、また家族の幸せだけを願って生きたのです」

「またこの母たせ子に哀願《あいがん》され正妻《せいさい》に代って父の子を産み、後に他家《たけ》に嫁《とつ》いでいったおイヨですが、自分で口にこそ出しませんでしたが、その生き方は惨《みじ》めでも不幸でもなかったと感じているのではないでしょうか。悩み苦しんだ末、塙保己一という一人の人物に自分の人生を賭《か》けたのでしょう。おイヨが嫁《とつ》ぎ先《さき》で生んだ息子が学問に関心をもって、今では私たちのところに出入りしています。なんと嬉しいことでしょう」

娘の語る保己一——尊い遺産

「私とせ子にしましても塙 保己一という人物を父に持たなければ、別の人生があったことでしょう。逆に父の娘であったからこそここまで険《けわ》しい道のりではありましたが、誰もが経験できない充実《じゅうじつ》した人生を送ることが出来《でき》たと感慨《かんがい》深い思いがします。二度目の母との出会い、金十郎さまとの巡《めぐ》り合い、おイヨと二人の弟との縁《えん》、どれをとっても言葉では言い表せないかけがえのない恵みでした。

一筋縄《ひとすじなわ》ではゆかない人生の素晴らしさ、人生山あり谷ありです。決して虚勢《きょせい》を張っているのではありません。ありのままの私の今の気持です」

とせ子は父保己一《ほきいち》を敬愛してやまなかった。夫と離縁《りえん》してまでも私がやらねばと父と幼い弟の為《ため》に妻代《つまが》わり、母代《ははが》わりとなって尽した。とせ子は父をこう語っている。

「父は学者として世に認められるようになっても、仲間の盲人《もうじん》たちのことは忘れることはありませんでした。それというのも盲人一座《いちざ》のお師匠《ししょう》さまご夫妻のご恩や仲間たちからうけた親切をいつも心にとめていたからであります。父は口癖《くちぐせ》のようにこう申しておりました。『一座のお蔭《かげ》でいまの私があるのだ。自分の力で生きているのではない。多くの人の厚意《こうい》で生かされて生きている。このことを忘れては罰《ばち》が当《あ》たるというもの』」

「娘の私の目からしても父の働きぶりといったら、とても人間業《にんげんわざ》とは思えないほどです。娘の私がこんなことをいうのをお笑いになるかもしれませんが、こと学問に関しては父は類稀《たぐいまれ》な人物であったのではないかと思います。常に壮大《そうだい》な夢を持ちその実現に向けて着々《ちゃくちゃく》と進んでゆく実行力とその気魄《きはく》といったら怖《こわ》いほどでした。学問に造詣《ぞうけい》が深いというだけであれば、ほかにも立派な方はいくらでもいるでしょうが、その人間業とは思えない実行力、心眼《しんがん》ともいえる洞察力《どうさつりょく》といった面では父に並ぶ人はそういないだろうと思うのです」

「世間では父のことを一口で〝盲目の大学者総検校《そうけんぎょう》塙《はなわ》保己一《ほきいち》〟として、全盲の身《み》にもかかわらず立身出世した代表的な人物のように言われています。しかし父にとってその波乱《はらん》に富んだ生涯は、〝出世〟とは無縁のものであったように私には思えるのです。その人生の姿勢といったら、自分の好きな学問を通して〝世のため後《のち》のために〟ひたすら生きることでしたから」

「ほかの検校《けんぎょう》さまたちは莫大《ばくだい》な資産《しさん》を家族に残したという噂《うわさ》をよく耳にします。しかし私の父は借金はあっても、財産というようなものは露《つゆ》ほどもありません。遺産《いさん》があるとすれば父の真心《まごころ》、誠実な生き方、ほかの人への思いやり、ただそれだけです。どうしても私が父の棺《ひつぎ》に納《おさ》めることができなかったお品《しな》があります。祖母が亡くなる前に幼い父のために作ってくれたというお手製《てせい》の粗末《そまつ》な巾着《きんちゃく》です。その巾着を生涯、肌身離《はだみ》さず身《み》につけていた父の思いは一体どこにあったのでしょう。今となってはわが家の宝物です。父が私に残してくれた目に見える形見《かたみ》といえば、この巾着とお宝箱《たからばこ》(郷里を出る時に背負《せお》った木箱《きばこ》、林大学《はやしだいがくの》頭《かみ》が〝お宝箱〟と名づけた)、それに愛用の天神《てんじん》机《づくえ》の三つに過ぎません。多額の借財《しゃくざい》はそのまま残っているのですから。しかし何より大きな遺産《いさん》は〝父の心〟でした」

母・きよの手縫いの巾着(本庄市教育委員会所蔵)

　娘とせ子の父と家族についての心あたたまる美しい回想《かいそう》である。塙保己一《はなわほきいち》という稀有《けう》の盲人学者の偉業《いぎょう》はこのようなやさしいけなげな女性たちの助力支援《じょりょくしえん》があって可能であったのである。とせ子がいうように「人間業《にんげんわざ》とは思えない」大事業を成就《じょうじゅ》した盲人学者塙保己一は、日本の生んだ偉人というのみならず世界的大偉人であり、「日本の奇蹟《きせき》の人」であったのである。

参考文献

『温故堂塙先生伝』中山信名　文政2年
『塙検校詳伝』小泉秀之助　埼玉県教育会　明治45年
『塙保己一』太田善麿　吉川弘文館　昭和41年
『塙保己一研究』温故学会編　ペリカン社　昭和56年
『塙保己一論纂』上下巻　温故学会編　錦正社　昭和61年
『塙保己一記念論文集』温故学会編　昭和46年
『塙保己一とともに――ヘレン・ケラーと塙保己一』正続　堺正一　はる書房　平成16年
『素顔の塙保己一――盲目の学者を支えた女性たち』堺正一　埼玉新聞社　平成21年
『塙保己一の生涯』花井泰子　紀伊國屋書店　平成8年
『盲目の国学者塙保己一の生涯』本庄市教育委員会編　平成27年
『ヘレン・ケラー自伝』今西祐行訳　講談社火の鳥伝記文庫　昭和56年

『私の宗教』ヘレン・ケラー　高橋和夫・島田恵訳　未来社　平成25年
ほか

第二話

島津斉彬

――明治維新を導いた最大の先覚者

島津斉彬

文化6年(1809)〜安政5年(1858)
江戸時代幕末の外様大名。薩摩藩第28代藩主。在任は嘉永4年(1851)〜安政5年(1858)。
江戸期の代表的名君。
(肖像画・尚古集成館所蔵)

1、世界に眼を開く

知られざる一大偉人

わが国最大の変革《へんかく》が明治維新《めいじいしん》である。約七百年間続いた武家《ぶけ》政治・幕府《ばくふ》政治が終り、王政復古《おうせいふっこ》が行われて日本は新たに蘇《よみがえ》った。欧米列強《おうべいれっきょう》（イギリス・フランス・ロシア・アメリカなど強力な白人国家）の侵略をはねのけ植民地化を阻止《そし》して、国家の独立を堅持《けんじ》し民族の生存を確保《かくほ》し抜いた苦難《くなん》に満ちた歴史は、最も価値ある意義深いものであった。

この明治維新《めいじいしん》の達成に最大の貢献《こうけん》をした人物が、第三巻（『日本の偉人物語3』）でのべた西郷隆盛《さいごうたかもり》である。しかしこれほどの大偉業は西郷がいかに偉大とは言え、西郷らの世代《せだい》の人々（西郷のほか吉田松陰《よしだしょういん》、高杉晋作《たかすぎしんさく》、坂本龍馬《さかもとりょうま》など）だけの努力だけでは出来《でき》ない。もう一つ先の世代の先覚者達《せんかくしゃたち》の先駆的《せんくてき》な働きなくしては不可能であった。そうした人々の代表が島津斉彬《しまづなりあきら》である。島津斉彬は西郷隆盛・吉田松陰・橋本左内《はしもとさない》・高杉晋作・坂本龍馬・勝海舟《かつかいしゅう》らと比べて知名度《ちめいど》は低い。名前を知る人はあっても、その人物、精神、事業並びに斉彬《なりあきら》がいかに卓越《たくえつ》した指導者であったかについて知る人は少《すく》ない。

島津斉彬は西郷を「薩国貴重《さっこくきちょう》の大宝《たいほう》」として見い出した人である。この一事《ひとこと》をとってみるだけでも斉彬の人物が知られる。斉彬なくして長州藩《ちょうしゅうはん》とともに、明治維新の原動力《げんどうりょく》となった薩摩藩《さつまはん》は決してあり得なかった。斉彬は四十一歳で第二十八代薩摩藩主《はんしゅ》となり、四十八歳で急死したが、わずか七年余りで薩摩藩を根本的に改革した。斉彬は西洋文明を採用しその科学技術に基づく近代的工業を興《おこ》し、「富国強兵《ふこくきょうへい》」を目標として薩摩藩をして一個の近代的国家に変えた。苦心惨《くしんさん》憺《たん》して西洋式の軍艦・大砲を建造し旧来《きゅうらい》の軍制《ぐんせい》を一新《いっしん》、強力な近代的軍隊を作り上げた。政治・経済・産業・軍事・教育の全面において陣頭指揮《じんとうしき》、薩摩を日本一の雄藩《ゆうはん》に一変《いっぺん》した。そうして西郷隆盛を始めとする幾多《いくた》のすぐれた人物を育て上げた。つまり斉彬は新生日本はかくあるべしという近代日本の原型《げんけい》・雛形《ひながた》というべきものをわずか七年半で作り上げ、近い将来のわが国の進むべき道・方向を明《あきら》かに指し示したのであった。斉彬の世界に眼を開いた広い視野と高い見識《けんしき》に基づく比類《ひるい》なき実行力は他の何人《なんぴと》の追随《ついずい》を許さず、島津斉彬こそは明治維新達成の基礎を固めた最も重要な人物であり、最大の先覚者・先駆者であったと言えよう。

斉彬は悲劇的死を遂《と》げたが、素晴らしい後継者《こうけいしゃ》を残した。それが西郷隆盛である。斉彬の精神・事業を立派に受け継いで明治維新の大業《たいぎょう》を成就《じょうじゅ》した西郷は、斉彬を「生神様《いきがみさま》」と仰いだ。西郷のことを知るならば、斉彬について知らずにはおられなくなる。この知られざる一大偉人島津斉彬はいかなる人物であったろうか。

母の感化

島津斉彬《しまづなりあきら》は文化《ぶんか》六年（一八〇九）九月二十八日、第二十七代藩主《はんしゅ》島津斉興《なりおき》の長男として江戸藩邸に生まれた。母は周子《かねこ》というが斉彬《なりあきら》はこの母から絶大《ぜつだい》な感化《かんか》を受けた。周子は鳥取藩主池田治道《はるみち》の娘である。周子は極《きわ》めてすぐれた人格の持ち主で何より慈悲心《じひしん》の深い愛情豊かな人であった。神仏《しんぶつ》を深く敬い観世音菩薩《かんぜおんぼさつ》を厚く信仰し菩薩の生まれ変わりとまでいわれた女性である。また和漢《わかん》の学問に通《つう》じ、美しい和歌を詠《よ》み文章を作ることができた。斉興と結婚する時、嫁入り道具の中には数多くの和漢《わかん》の書物だけでなく鎧《よろい》などの具足《ぐそく》（武具）もあった。もし緊《きん》急《きゅう》の事態《じたい》が生じた時、藩主に代《かわ》って鎧を着て武装し勤めを果たす為《ため》である。周子は才色兼備《さいしょくけんび》の心やさしい婦人《ふじん》であったが、こうした凛然《りんぜん》たる気高《けだか》い精神をもつ稀有《けう》の女性であった。

周子は母乳で斉彬らの子供を育てた。当時大名《だいみょう》の奥方《おくがた》は自分の乳で育てず、乳の出る他の女性（乳母《めのと》）にわが子を育てさせるという悪《あ》しき習慣があったがこれを改めた。さらに周子は斉彬が六、七歳ごろになると自《みずか》ら学問の手ほどきをして、論語《ろんご》などの素読《そどく》（書物《しょもつ》、特に漢籍《かんせき》の意味・内容を考えることなく、ただ文字だけを音読すること）を授けた。斉彬はこの母を深く慕って日々学びに明暮《あけく》れた。十歳頃、斉彬は次の歌を詠んでいる。

古《いにしえ》の　聖《ひじり》の道の　かしこさを
　習ひて学ぶ　あした夕《ゆう》べに

十三歳の時、川崎大師《かわさきだいし》に参詣《さんけい》した帰途《きと》、椿《つばき》の一枝《ひとえだ》を手折《たお》りこれを母に捧《ささ》げた。周子は斉彬のやさしい心根《こころね》をほめて次の歌を与えた。

とほき道に　遊ぶ身《み》ながら　わすれえぬ
　孝《こう》の一字《いちじ》ぞ　げに類《たぐい》なき

周子《かねこ》は斉彬《なりあきら》十六歳の時、三十四歳で亡くなるが、この母ほど慕わしき人はなかった。斉彬は人物、才能ともに申し分なく傑出《けっしゅつ》していたが、その人柄の際立《きわだ》ったところはこの母親譲りの気高い人格と深い信仰心並びに愛情・慈悲心であった。

大名の子供として生まれた人で、斉彬ほど飛び抜けた天賦《てんぷ》(天から与えられたもの)の素質を授った者は少《すくな》い。聡明《そうめい》さは群を抜き、一を聞いて十を知り、家臣《かしん》から「二つびんた」(びんたとは頭のこと。すぐれた頭を二つ持つ人という意味)と言われた。しかし決して慢心《まんしん》することなく、学問の大切さを誰よりも自覚し生涯、謙《けん》虚《きょ》に学び続けた。

斉彬は曾祖父《そうそふ》の重豪《しげひで》から熱愛された。重豪は人柄がよく聡明な斉彬が可愛いくてたまらず斉彬がやってくるといつも喜んで迎え、歴史上の偉人や島津家先祖の名君《めいくん》・名将《めいしょう》たちのこと、自分の体験などを話して聴かせた。ある日、重豪は「今は泰平《たいへい》の世だから、今日は軍談《ぐんだん》や名将伝《めいしょうでん》より、能楽《のうがく》や謡曲《ようきょく》の話をしてやろうかの。将来、大名同士《だいみょうどうし》の交際のためにもなろうからな」と言ったところ、斉彬はこう答えた。

「大おじい様、ごもっともではありますが、今は泰平の世でもいつ乱世《らんせい》の時が来るかわかりません。いつぞや大おじい様も治《ち》にいて乱を忘れない心がけを養えよと言われたではありませんか。邦丸《くにまる》（斉彬の幼名《ようめい》）は能楽や謡曲の話より偉人、名将の話を聴きたいと思います」

重豪はこの末頼《すえたの》もしい曾孫《そうそん》の言葉にいかにもうれしそうにして、さらに偉人、名将について語った。またこんなことがあった。重豪が大事にしていたオランダからきた玻璃《はり》（ガラス、ギヤマンと言った）の容器の一対《いっつい》の一つを近臣《きんしん》が誤って壊《こわ》してしまった。重豪はその過失《かしつ》を咎《とが》めて閉門《へいもん》を申しつけた。斉彬はそれを知って重豪に、残りの一つを「ぜひ邦丸に下さいませ」と請《こ》い、さらにこう懇願《こんがん》した。

「この大切なものをこわしたのはいけないことですが、けれどギヤマンも人の使う器《うつわ》に過ぎません。器は人の為《ため》にあるものです。どうかこわしたあの者を許して下さい」

重豪は笑って、「お前は偉いやつよの。お前の言う通りにしよう」と言い、斉彬の後姿《うしろすがた》を見ながらつぶやいた。

「邦丸の将来は楽しみじゃな。あやつ、残りのギヤマンがあれば、またこわして罰せられるものが出ると思ったのであろう。偉いやつじゃ」

十歳頃の話である。斉彬《なりあきら》の部下、藩士《はんし》を憐《あわ》れむ慈悲心がいかに深かったかが知られよう。これほど部下思いであったから、後年《こうねん》斉彬は藩士に対して実に寛容《かんよう》寛大《かんだい》であり、忠言《ちゅうげん》、諫言《かんげん》をよく容《い》れた。斉彬は若い時から藩士や身近《みぢか》な奉公人《ほうこうにん》たちの落度《おちど》、心得違《こころえちが》い、不調法《ぶちょうほう》などに対して決して怒りの気色《きしょく》を見せず、逆に自分自身の不徳《ふとく》のいたす所と反省していた。そうしていつも「賞は重く、罰は軽く」と言っていた。斉彬は単に聡明なだけではなく最も立派な人格の持主であったのである。

薩摩はわが国屈指《くっし》の武勇の伝統を誇る国柄《くにがら》であった。戦国時代から信長・秀吉・家康の時代にかけて島津忠良《しまづただよし》、島津義久《よしひさ》、島津義弘《よしひろ》という名将が出た。その伝統の中に育てられた斉彬は文武両道の達人《たつじん》でもあった。背が高く横張《よこば》りの頑丈《がんじょう》な体格の持主で七歳ごろから剣道、槍《やり》、弓、鉄砲、馬術等の稽古《けいこ》を始め、ことに槍と鉄砲に習熟《しゅうじゅく》し上達《じょうたつ》した。

　文のほうは当時武士の基本的学問とされた儒教漢学《じゅきょうかんがく》はいうまでもなく、わが国本来の学問である『古事記《こじき》』、『日本書紀《にほんしょき》』などの歴史、古典、『万葉集』を始めとする和歌などの「皇国《こうこく》の大道《だいどう》」について当時のいかなる藩主《はんしゅ》よりも懸命《けんめい》に三十数年間学び続けた。それと後述《こうじゅつ》する西洋の学問・蘭学《らんがく》である。斉彬の知性の高さ、知的好奇心《ちてきこうきしん》の旺盛《おうせい》さ、学問的知的努力の継続は驚嘆すべきものがあった。四十一歳で藩主になるまでの長年月間倦《ちょうねんげつかんう》まず撓《たゆ》まずやり抜いた根気《こんき》と忍耐力は殿様離れしていた。こうした三十数年間の地道《じみち》な努力が斉彬という大人物をさらに磨《みが》き上げたのである。

　斉彬の趣味はいくつかあった。まず書と絵画《かいが》である。書道は少年時代から励んだ。絵画は狩野派《かのうは》を学びよく花を描《か》いた。さらに花作りも好きで朝顔を栽培《さいばい》した。専門家に劣らぬ腕前であった。花作りには辛抱《しんぼう》、愛情などが必要であり、短《たん》気者《きもの》や癇癪《かんしゃく》持ちには花作りはむずかしい。絵を描き花作りに励んだところに斉彬の床《ゆか》しい人柄がうかがわれる。

西洋を知る努力・蘭学者《らんがくしゃ》との交流

斉彬《なりあきら》が和漢《わかん》の学問だけではなく西洋の学問をもよく学んだのは、曾祖父《そうそふ》重豪《しげひで》の影響を深く受けたからである。第二十五代藩主だった重豪は気宇壮大《きうそうだい》、豪快《ごうかい》な型破《かたやぶ》りの殿様で、蘭学を好み蘭学者と交際し「蘭癖《らんぺき》」（蘭学好みが性癖《せいへき》になること）といわれたほどの人物である。斉彬が蘭学を通して西洋に深い関心を抱《いだ》くようになったのは全く重豪の感化《かんか》である。重豪は斉彬が二十四歳の時、八十九歳で亡くなる。

驚くべきことに重豪はシーボルトと親交があった。わが国に蘭学、西洋の近代的科学を伝える上に大きな功績を残したフィリップ・フランツ・シーボルトは、オランダ東インド政庁の軍医少佐《ぐんいしょうさ》であり、長崎出島《でじま》のオランダ商館付《づき》医官であった。このシーボルトのもとで全国の好学の秀才たちが学び、高野長英《たかのちょうえい》、戸塚静海《とづかせいかい》、伊東玄朴《いとうげんぼく》、緒方洪庵《おがたこうあん》らを始めとするすぐれた学者・医者が輩出《はいしゅつ》した。

文政《ぶんせい》九年（一八二六）春、シーボルトが江戸にやってきた時、八十一歳の重豪は斉彬を連れてシーボルトに会い教えを請《こ》うた。これが斉彬が蘭学並びに欧米《おうべい》諸国、西洋文明に大きく眼を開くきっかけであった。斉彬はシーボルトの話を聞いてから、西洋について深く知ることの必要性を痛感させられた。これまで和漢《わかん》の学問に励んできたが、もう一つ西洋の学問を学ばなければならないことに気づくのである。

シーボルトは重豪や斉彬に欧米各国のことを語った。イギリス、フランス、ロシア、アメリカなどの強国が強盛《きょうせい》を誇り世界に向かって勢力を広げつつあること、欧米が力強く発展している原動力は、科学技術に基づく近代的産業と強力な軍事力にあること、またロシアが南下政策《なんかせいさく》を取り、日本は北から脅威《きょうい》を受けていることなど、みな驚くべきことばかりであり十七歳の斉彬は言い知れぬ衝撃《しょうげき》を受け、知的好奇心を強く刺激《しげき》されるのである。斉彬は今日の日本、現在の自分に何が足りないのかをはっきり知った。

ここから西洋について知る猛烈《もうれつ》な努力が始まるのである。斉彬は西洋の書物をどしどし買い入れ、それを次々に蘭学者《らんがくしゃ》に翻訳《ほんやく》させてむさぼるように読み続けた。その読書範囲は、欧米諸国の歴史、政治、軍事、経済、科学、工業などあらゆる方面に及んだ。さらに斉彬《なりあきら》は読書で知り得た物理、化学、兵器類の実験や試作《しさく》に必要な器具《きぐ》、材料をどんどん買いこんだ。これら洋書、器具の購入、蘭学者への翻訳料には多大の費用を要《よう》したが、斉彬は日常生活を出来《でき》る限り切りつめ、これら有用《ゆうよう》のことに百両千両を惜しまなかった。斉彬自身もオランダ語の読み書きが出来た。斉彬も重豪《しげひで》に劣らぬ「蘭癖《らんぺき》」の殿様であった。

斉彬ほど当時高名《こうめい》な蘭学者と親しく交《まじ》わり、彼らに学び彼らを活用した指導者はほかにいなかった。主《おも》な人物をあげると、戸塚静海《とづかせいかい》（江戸三大蘭方《らんぽう》医の第一人者といわれた）、宇田川榕菴《うだがわようあん》（幕府の和訳掛《わやくかがり》）、箕作阮甫《みつくりげんぽ》（同上）、坪井信道《つぼいしんどう》（江戸三大蘭方医の一人）、伊東玄朴《いとうげんぼく》（同上）、高野長英《たかのちょうえい》（蘭医学塾主）、緒方洪庵《おがたこうあん》（大坂で適塾主《てきじゅくしゅ》宰《さい》）、川本幸民《かわもとこうみん》（蘭方医・物理学者、やがて薩摩藩に招かれる）等である。ことに高野長英との親交は深かった。長英は『夢物語《ゆめものがたり》』等の著述《ちょじゅつ》において西洋事情をのべわが国の海防策《かいぼうさく》を論じたため、幕府から処罰《しょばつ》され牢獄《ろうごく》に入れられた。やがて長英は脱獄《だつごく》して各地を放浪したが、斉彬はひそかに連絡をとり洋書を翻訳させたり、一時は薩摩藩にかくまったほどであった。

斉彬はこうして一心《いっしん》に蘭学を通して西洋諸国並びに海外情勢について学んだ。知れば知るほど何に気づいたか。西洋列強《れっきょう》は科学技術と近代工業に基づく強大な軍事力を備え非西洋諸国を次々に侵略征服《しんりゃくせいふく》、植民地として支配している生々《なまなま》しい現実である。インドは十七世紀からイギリスに侵略され当時あらかた全土が支配されていた。隣りのシナ（清《しん》）はアヘン戦争（一八四〇—四二）でイギリスに敗れて衰退《すいたい》・亡国《ぼうこく》の道を辿《たど》っていた。インドとシナはアジアの二大文明国とされ、日本にとっての手本であった。仏教はインドから伝わり、儒教《じゅきょう》はシナから来た。お釈迦《しゃか》さんや孔子《こうし》を日本人は崇敬《すうけい》していた。このアジアの二大文明国がもうどうにもならず衰亡《すいぼう》の憂目《うきめ》にあっている。インドとシナの支配が完了《かんりょう》したならばそのあとどうなるか。必ずや西洋列強の侵略の矛先《ほこさき》は日本に向《むか》ってくる。二国は抵抗できなかった。そうすると日本はどうなるのか。日本はインド・シナに比べると国土は小さい。わが国は間違いなくインド・シナの二の舞《まい》になるほかはない。

当時の大名《だいみょう》の中でこれを最も真剣に憂《うれ》えた人物こそ島津斉彬《しまづなりあきら》であった。

斉彬《なりあきら》は日本と西洋の双方《そうほう》を深く知り、その文明の長所と短所を冷静《れいせい》に見詰《みつ》めていた。日本には西洋にはないすぐれた文明があることを、斉彬は誰よりも自覚していた。しかし科学技術を中心とする近代工業と軍艦・大砲に象徴《しょうちょう》される近代的文明はまだなかった。二百年以上国を鎖《と》ざしていた遅れを早急《さっきゅう》に取《と》り戻《もど》す為《ため》に、まず第一にせねばならなかったことは、虎視眈々《こしたんたん》とわが国を狙《ねら》う相手をよく知ること、つまり西洋を知り世界を知ることであった。斉彬ほど「知ること」の大切さを理解していた指導者はいなかった。斉彬はいつも藩士《はんし》たちにこう言った。

「彼を知り己《おの》れを知れば百戦して危《あや》うからずとは、ただ戦争の場合のみではない。よろしく彼《か》が長《ちょう》(所《しょ》)をとり、わが短《たん》(所《しょ》)を補《おぎな》うことに努め、大いに富国《ふこく》強《きょう》兵《へい》の策《さく》を講《こう》じ、以《もっ》て国威《こくい》を四海《しかい》(世界)に宣揚《せんよう》し、皇化《こうか》を宇内《うだい》に布《し》かんことを期《き》せねばならぬ」

「富国強兵」は明治《めいじ》新政府の目標であったが、最初にこれを掲《かか》げ薩摩藩《さつまはん》で実践《じっせん》したのが斉彬であった。日本がインドやシナのような亡国《ぼうこく》状態にならない為には、

「富国強兵」を実現し、日本が決して欧米列強《おうべいれっきょう》に支配されるような弱小国家ではなく、恐るべき威力《いりょく》を持つ強国であることを海外に知らしめるとともに、「皇化《こうか》を宇内《うだい》に布《し》く」こと、すなわち天皇国日本の文化文明を世界に伝えなければならないと言うのである。斉彬はこれほどの気宇高大《きうこうだい》な精神、理想、志《こころざし》を以《もっ》て薩摩藩の大改革を行い明治維新の礎《いしずえ》を定《さだ》めた比類《ひるい》なき大先覚者《だいせんかくしゃ》であった。

お遊羅《ゆら》騒動――正義派とお家大事派の激しい対立

斉彬が藩主《はんしゅ》となったのは嘉永《かえい》四年（一八五一）数え四十三歳（満四十一歳）、当時としては異例《いれい》の遅《おそ》さである。なぜこうも遅れたかと言うと、斉彬を藩主にすることに反対する勢力《せいりょく》が根強《ねづよ》かったからである。世の中にめったにいないすぐれた人物であった斉彬の藩主就任になぜ反対したのか。

先にのべた重豪《しげひで》は何事も積極的で金遣《かねづか》いが荒く、その結果藩の財政《ざいせい》は完全に破綻《はたん》して借金が五百万両という膨大《ぼうだい》な額になった。企業ならとっくに倒産である。

そこで財政建て直しに登用《とうよう》されたのが調所広郷《ずしょひろさと》だが、十数年の努力の末遂《すえつい》に成功、百万両以上の非常準備金を貯蓄するまでになった。重豪時代《しげひで》の苦しみを骨身《ほねみ》に知る藩主《はんしゅ》の斉興《なりおき》や調所ら重臣《じゅうしん》たちは二度と過去の失敗を繰返《くりかえ》すまいと、何事も消極的で質素倹約《しっそけんやく》を旨《むね》としてやってきた。そこに斉彬《なりあきら》が現われたのである。

斉興や調所らは重豪そっくりの斉彬の積極的で開明的《かいめいてき》な西洋好み、「蘭癖《らんぺき》」ぶり、その為《ため》には費用を惜《お》しまぬ金遣《かねづか》いの激しさを見て怖《お》じ気《け》を振《ふる》い、まるで重豪の生写《いきうつ》しを眼《ま》の当《あた》りにする思いがしたのである。斉彬の日本の危機を憂《うれ》う深い心中《しんちゅう》を察《さっ》しえない多くの人々は、斉彬が藩主になると悪夢が再び繰返《くりかえ》される、とんでもない若殿《わかとの》が出てきたと恐《おそ》れおののくのである。

こうして薩摩藩《さつまはん》の内部対立が始まった。斉興の側室《そくしつ》がお遊羅《ゆら》というが、その子が久光《ひさみつ》である。久光は斉彬とは比較にならないが、西洋好みではなく昔風《むかしふう》の保《ほ》守《しゅ》的な危《あぶな》げない人物と見られた。つまり斉彬は重豪に、久光は斉興に似《に》ていた。お遊羅《ゆら》は久光を藩主にしたかった。お遊羅を寵愛《ちょうあい》する斉興もできればそうしたく、斉彬に藩主の座を譲ろうとしなかった。調所ら重臣達も久光を立てることを欲し斉彬の藩主就任《しゅうにん》を阻止《そし》せんと色々汚《きた》ない策動《さくどう》を行った。

これに対してかねて斉彬の一世《いっせい》に秀《ひい》でた賢明《けんめい》さを知る心ある一部の正義派の有《ゆう》志《し》が立ち上り、一日も早い斉彬の藩主就任の運動を行った。ところがそれが斉興の逆鱗《げきりん》に触《ふ》れて(大きな怒りをこうむること)、首謀者《しゅぼうしゃ》十余人が切腹《せっぷく》させられ約五十人が厳罰処分《げんばつしょぶん》をうけた。みな真《しん》に薩摩藩を思う立派な藩士《はんし》だったが、斉興は情《なさ》け容赦《ようしゃ》なく冷酷《れいこく》に処罰《しょばつ》した。悲しいかな斉興には家臣《かしん》を思いやる慈悲心が欠如《けつじょ》していた。これが「お遊羅騒動《そうどう》」といわれた。

このお遊羅騒動は斉彬の賢明《けんめい》さを知る人々の心を傷《いた》めた。斉彬の大叔父《おおおじ》福岡藩《はん》主黒田斉溥《しゅくろだなりひろ》、親友の宇和島《うわじま》藩主伊達宗城《だてむねなり》らが、かねて斉彬と親交のある老中首《ろうじゅうしゅ》座阿部正弘《ざあべまさひろ》と熟議《じゅくぎ》を凝《こ》らして、幕府の力をもって藩主の座にしがみつく斉興を穏《おん》便《びん》(おだやかなやり方)に隠居《いんきょ》させ、ここにようやく斉彬は藩主に就任することが出来《でき》たのである。

2、未曾有《みぞう》の国難《こくなん》からいかに日本を救うか

英・仏・露・米が日本を狙《ねら》った大受難《だいじゅなん》の時代

徳川幕府の末期から明治《めいじ》時代にかけて、日本がいかに筆舌《ひつぜつ》には尽《つく》し難《がた》い危機、国難に直面《ちょくめん》していたか、今日の平和な時代に生きている人々にはなかなかわかりにくい。

当時、欧米の強国はイギリス、フランス、ロシア、ドイツそして新興《しんこう》大国のアメリカ計五カ国である。この五強国が非西洋諸国を植民地として支配しようと凌《しの》

ぎを削《けず》り合っていたのが十九世紀後半から二十世紀前半にかけての世界である。

アジア・太平洋方面では、イギリスがインド、ビルマ、マレー、シンガポール、オーストラリア、ニュージーランド等を完全に支配していた。アヘン戦争後、シナへ手を延ばして香港《ほんこん》を取り、揚子江《ようすこう》を中心とする広大な地域をイギリスの勢《せい》力範囲《りょくはんい》として抑《おさ》え、十九世紀末には九龍《きゅうりゅう》半島、威海衛《いかいえい》を租借《そしゃく》（一定期間、自国の領土とすること）した。

フランスはインドシナ半島の大半を植民地とし、シナではその南部を勢力範囲として十九世紀末、広州湾《こうしゅうわん》を租借した。また太平洋では多くの島々を領有《りょうゆう》した。

ロシアは東へ東へと侵略の手をのばしシベリア全土、カムチャッカ半島を手に入れ、衰退《すいたい》しつつあった清《しん》から沿海州《えんかいしゅう》を奪い取るのみならず南下政策《なんかせいさく》を堅持《けんじ》して十九世紀末、旅順《りょじゅん》・大連《だいれん》を租借し、一九〇〇年義和団《ぎわだん》事件の際《さい》、全満洲《まんしゅう》を占領、事実上併呑《へいどん》してさらに朝鮮、蒙古《もうこ》、ウイグル等も自国の支配下におかんとした。さらにロシアは日本の領土である千島列島と樺太《からふと》を狙《ねら》い、千島列島を占領《せんりょう》し、樺太《からふと》にロシア人を送りこみなかば樺太を制圧《せいあつ》していた。

ドイツは英仏露にはやや遅れたもののシナに食《く》い込《こ》み、山東省《さんとうしょう》を勢力範囲とし膠州湾《こうしゅうわん》を租借《そしゃく》した。また南太平洋の広大な海域の島々を領有《りょうゆう》した。

最も出遅《でおく》れたのはアメリカであったが、それでも英仏露に先んじて日本を開国させた。その後、一八九八年、米西戦争《べいせいせんそう》を起こしスペインからフィリピン全島とグアムを奪い取りこれを植民地とし同年ハワイを併合《へいごう》した。

またかつて強盛《きょうせい》を誇ったオランダは五強《ごきょう》には劣ったが、それでも一七世紀以来、インドネシアを植民地として支配していた。

これが幕末から明治維新《めいじいしん》及び明治後半期におけるアジア・太平洋の情勢である。アジア・太平洋を自国のほしいままに支配せんとしていた欧米列強《おうべいれっきょう》が、日本をそのままに放置《ほうち》して手をつけないでいるだろうか。それは絶対にありえないことであった。島津斉彬《しまづなりあきら》を始めとする先覚者、維新《いしん》の志士《しし》といわれる人々は一人残らずそう思ったのである。

日本をインド・シナ同様、侵略・支配の対象《たいしょう》としてその植民地化、隷属国化《れいぞくこくか》を目指《めざ》したのが、ドイツを除く英・仏・露・米の四列強《れっきょう》であった。わが国は東西北の四強国から狙《ねら》いをつけられたのである。これをわかりやすく言うと、鎌倉時代日本を侵略・支配しようとした蒙古《もうこ》(元《げん》)のような強大な軍事力をもつ四国家が一度にやって来たと言えばよかろう。当時の蒙古(元)はどこも抵抗・対抗できない軍事的超大国である。わが国は歴史始まって以来の大国難に直面したが、挙《きょ》国一致《こくいっち》して戦い、元寇《げんこう》(元の侵略)を再度撃退《げきたい》した。その蒙古以上の四強国のうちただ一国だけでも戦って勝目《かちめ》はなかった。四国の到来《とうらい》は日本にとり五体《ごたい》が震《ふる》え上《あ》がる恐怖そのものであり、元寇に十倍するかってない大国難、正真正銘《しょうしんしょうめい》の絶体《ぜったい》絶命《ぜつめい》の危機であったのである。このことがわからなければ、島津斉彬の精神及びその事業の困難さ、苦辛《くしん》、偉大さはとうてい理解できない。

英・仏・米の沖縄来航と通商要求

西洋強国の勢力が東アジアに及び、その恐るべき威力《いりょく》を示したのがアヘン戦争（一八四〇～四二）である。イギリスが清《しん》を打破《うちやぶ》り香港《ほんこん》を領有《りょうゆう》し、上海《しゃんはい》など五港を開かせ通商、居住《きょじゅう》、布教《ふきょう》、領事館《りょうじかん》における駐兵《ちゅうへい》を認めさせた時、わが国の先覚者、識者《しきしゃ》たちに与えた衝撃《しょうげき》は計《はか》り知れぬものがあった。それはペリー来航時《らいこうじ》に比べさほど劣らなかった。清はこれより急速《きゅうそく》にイギリス、フランス、ロシア、ドイツの四強国から侵略を受けて衰退・亡国《ぼうこく》の道を直進するのである。清が陥《おちい》ったこの悲惨《ひさん》な運命は明日の日本の運命と思わぬ先覚者はいなかった。

アヘン戦争が終った時、斉彬《なりあきら》は三十三歳だったが、いち早くこの戦争全体についての情報を入手《にゅうしゅ》して、自ら「清国阿片戦争始末《しんこくあへんせんそうしまつ》に関する聞書《ききがき》」を書き記《しる》している。清がいかにしてイギリスの悪辣《あくらつ》な策謀《さくぼう》の罠《わな》にかかり敗退したかの経緯《いきさつ》、領土を奪われ通商貿易を強要《きょうよう》されて半植民地化の苦境《くきょう》に陥《おちい》ったかにつき詳《くわ》しく書いている。オランダは長崎出島のオランダ商館から幕府にアヘン戦争についての情報を提供《ていきょう》し警告《けいこく》したが、幕府首脳《しゅのう》の危機意識は極《きわ》めて薄く、結局ペリーが浦賀《うらが》にやって来るまで国防対策を怠《おこた》り無為無策《むいむさく》、十一年間を空《むな》しく経過《けいか》したのである。危機が眼前《がんぜん》に迫《せま》っているのに何もしない、何もできない、何も決められない徳川幕府の土台《どだい》は全《まった》く腐《くさ》り果《は》てていたのであった。斉彬はその頃こうのべている。

「砲艦《ほうかん》に対しては砲艦でなければならない。砲艦を造るには鉄鋼、蒸気機関《じょうききかん》の理法《りほう》(造り方)とそれを支《ささ》える窮理《きゅうり》(物理)、舎密《せいみ》(化学)の学を起し、新しい産業を開発しなければならない」

「要するに孫子《そんし》の言うように、彼《かれ》を知り我《われ》を知り、よく備《そな》えていることを侵略者に知らせることである。そのためには政治を改革し、天下《てんか》(日本全国)一和《いちわ》(うまく調和して円満であること)の総力発揮《そうりょくはっき》の方策を打ち立てねばならない」

斉彬は藩主《はんしゅ》になる十年ほど前から、いかにして欧米《おうべい》列強の侵略より日本を守るかにつき根本的な対策を立てていたのであった。しかしこの国難《こくなん》に目覚めぬ現状維持派《いじは》、事なかれ主義のお家大事派は、斉彬を藩主にすることに執拗《しつよう》に抵抗し阻止《そし》しようとしたのである。

斉彬ら先覚者が深く危惧《きぐ》したことは、アヘン戦争の翌年早くも現実となった。天保《てんぽう》十四年(一八四三)、イギリスの軍艦が薩摩藩《さつまはん》の属領《ぞくりょう》である琉球《りゅうきゅう》(沖縄)の宮古《みやこ》島《じま》、八重山《やえやま》列島に来航《らいこう》して兵員《へいいん》が勝手に上陸した。これは歴然《れきぜん》たる侵略行為である。琉球側《りゅうきゅうがわ》が退去《たいきょ》を求めると拒絶《きょぜつ》し、彼らはイギリス国王の命令と称して測《そく》量《りょう》を強行《きょうこう》した。

翌弘化元年《こうかがんねん》（一八四四）三月、フランスの軍艦が那覇《なは》に来航《らいこう》、琉球に対して通商と布教《ふきょう》を強く要求してこうのべた。「アヘン戦争で清国《しんこく》が敗れて賠償金《ばいしょうきん》と領地《りょうち》をイギリスに取られた。清国と同じような運命にならない為《ため》にフランスと友好、通商関係を結んだ方がよい」

フランスのイギリスをだしにしての脅迫《きょうはく》である。琉球政府は震《ふる》え上《あ》がったが何とか拒《こば》んだ。フランスはキリスト教の宣教師《せんきょうし》を無理やり那覇に残置《ざんち》して去るとき、「近くフランス艦隊司令官が大兵《たいへい》を連れて来航《らいこう》する。イギリスは多年《たねん》、琉球を望む心が強い。この際《さい》フランスと和好《わこう》して保護を受けた方が得策《とくさく》だ」とのべ、繰返《くりかえ》し通商・布教《ふきょう》を求め、琉球はフランスの保護国になれとおどした。

続いて弘化二年（一八四五）五月、イギリス軍艦が那覇に来航、通商・布教を迫《せま》り、那覇や石垣島《いしがきじま》の測量を強行した。翌弘化三年（一八四六）、イギリスとフランスは競《きそ》って琉球に来航、重ねて通商を迫り、イギリスもまた宣教師を那覇に送りこんだ。イギリス・フランスの目的は琉球を足がかりとして、通商と布教という手段を使い日本を植民地化することであった。琉球政府は宣教師の退去《たいきょ》を求めたが、彼らは居坐《いすわ》り続け勝手放題《かってほうだい》の振舞《ふるまい》をした。キリスト教と宣教師は西洋列強が有色民族を侵略するその手先《てさき》・道具として働いたのである。キリスト教が非西洋諸国に対して行《おこな》った罪は極《きわ》めて深いことを知らねばならない。

さらに嘉永《かえい》六年(一八五三)四月と五月、アメリカのペリーが艦隊を率《ひき》いて来航、前後二ヵ月ほど滞在している。ペリーは浦賀《うらが》にやって来る前に琉球に来ていたのである。ペリーも英仏に決してひけをとらない威圧《いあつ》を加えた。海軍将兵と強力な大砲を伴《ともな》って上陸、首里《しゅり》の王城《おうじょう》に乗りこみ通商を要求した。ペリーは那覇に来てすぐに、琉球をアメリカの保護下《ほごか》に置くと英仏ら外国船に通知している。このように琉球は日本本土より一足先《ひとあしさき》に、英仏米の脅威《きょうい》にさらされ、彼らの争奪《そうだつ》戦《せん》の対象《たいしょう》となっていたのである。

この時、斉彬《なりあきら》は琉球における外国船来航という緊急事態《きんきゅうじたい》に対処《たいしょ》することを、老中首座《ろうじゅうしゅざ》阿部正弘《あべまさひろ》から藩主斉興《はんしゅなりおき》に代《かわ》って一任《いちにん》されたのである。斉彬《なりあきら》は藩主に就任する前に、英仏米船の来航と通商要求という困難を極《きわ》めた外交問題に、わが国で最初に対処《たいしょ》するという運命を担《にな》ったのであった。以後、斉彬は那覇《なは》に常駐《じょうちゅう》する部下を通して琉球《りゅうきゅう》政府を指導し、英仏米の脅迫《きょうはく》に耐え抜き、彼らの通商要求を拒《こば》み続けたのである。

英仏が琉球に来航した天保《てんぽう》十四・弘化元年《こうかがんねん》(一八四三・一八四四)から安政《あんせい》元年(一八五四)ペリー来航による開国までの約十年間、琉球が英仏米の居丈高《いたけだか》な通商要求を拒《こば》み得《え》たのは、全く斉彬の指導・指図《さしず》がよろしきを得たからである。琉球は危ないところで植民地化を免《まぬか》れたのである。

この琉球問題こそ斉彬のその後の行動を決する根本になった。アヘン戦争は決して他人事ではなかった。英仏米露四強国の日本植民地化の意図《いと》と野心《やしん》は一点の疑いもなかった。彼らは日本を名誉ある独立国家として尊重《そんちょう》する意志を少しも持たなかった。全ての非西洋諸国は植民地化・隷属化《れいぞくか》の対象《たいしょう》でしかなかったのである。今直《いまただ》ちに手当《てあて》をして根本的改革を実行しなければ手遅《ておく》れとなり、日本は間違いなくインド・シナ同様に潰《つぶ》され亡国《ぼうこく》の憂目《うきめ》を見ると斉彬は腹の底から憂慮《ゆうりょ》したのである。そこで斉彬が下《くだ》した結論は、彼らが日本を脅迫する武器である軍艦と大砲を直《ただ》ちに備えること、つまり日本を守り抜く強力な陸海軍を持つことと、これらの武装を支《ささ》える科学技術と近代工業を振興《しんこう》することであった。

ペリー来航と斉彬の対応

嘉永《かえい》六年（一八五三）六月三日、ペリーが四隻の軍艦を率《ひき》いて浦賀《うらが》に来航《らいこう》した。斉彬が藩主《はんしゅ》になって三年目である。ペリーが強大な軍事力による威嚇《いかく》をもって徳川幕府をいかに屈服《くっぷく》させたかについては、坂本龍馬《さかもとりょうま》（『日本の偉人物語１』）と吉田《よしだ》松陰《しょういん》（『日本の偉人物語２』）のところで詳《くわ》しくのべた。ペリーは幕府がもし開国を拒絶《きょぜつ》したならば、琉球《りゅうきゅう》を奪い取るつもりでいたのである。ペリーは不法に上陸したり測量を強行したりして幕府をおどしつけ、白旗《しらはた》まで渡して降伏《こうふく》する時はこの白旗を出せとまで侮辱《ぶじょく》の限りを尽した。アメリカは日本に友好と親善を求めて礼儀正しく開国を求めたのではない。頭から日本をなめてかかり、劣等人種《れっとうじんしゅ》たる日本はアメリカの言う通りにしろ、さもなくば戦争あるのみ、琉球《りゅうきゅう》を奪取《だっしゅ》するぞ、勝目《かちめ》はないだろうと軍艦と大砲の威力による砲艦外交《ほうかんがいこう》を以《もっ》て脅迫《きょうはく》したのである。

うろたえた幕府は開国するかいなかについて諸大名に意見を求めた。多くの藩主《はんしゅ》は凡庸《ぼんよう》（平凡）でまともな意見は少《すく》なかったが、その中で最もすぐれた意見書を出したのが斉彬《なりあきら》だった。意見書及び老中《ろうじゅう》阿部らに示した考えの大要《たいよう》はこうである。

ペリーの開国要求は断然拒絶《だんぜんきょぜつ》しなければならない。屈辱外交《くつじょくがいこう》・土下座《どげざ》外交による開国は独立国として絶対に行ってはならない。それでは日本の「国威《こくい》」が失《しっ》墜《つい》（失うこと）するからである。国威とは独立国家としての尊厳《そんげん》、名誉《めいよ》、威信《いしん》（威勢《いせい》と信望《しんぼう》）である。この国威を失うと独立国家として存立《そんりつ》できなくなる。返事は出《で》来《き》るだけ最低三年は延ばすこと。即座《そくざ》の開国は絶対にしてはならない。その間に早急《さっきゅう》に軍艦・大砲を建造し強力な陸海軍を持ち彼らの侮《あなど》りを受けない軍事力を備え、全力を上げて挙国一致《きょこくいっち》の体制を作る。その上で国体《こくたい》・国威《こくい》・国風《こくふう》（国家の風格《ふうかく》・品格《ひんかく》）を堅持《けんじ》して、あくまでも対等《たいとう》の開国《かいこく》を行うというものである。

斉彬の考えを一言《ひとこと》でいうと「武備開国《ぶびかいこく》」である。日本が開国しなければならない必要性を斉彬は誰よりも知っていた。青年時から徹底的に西洋を知る努力をしてきた人物である。軍艦と大砲がなければ日本は間違いなく彼らに支配される。その軍艦と大砲を作る科学技術と近代工業を振興《しんこう》する為《ため》に開国は不可欠《ふかけつ》である。しかしそれはどこまでも自主対等《じしゅたいとう》の開国でなければならない。このあと徳川幕府がやったような脅迫《きょうはく》に屈《くっ》する土下座外交による開国は断じて行ってはいけない。彼らの威圧《いあつ》に屈しない為には直《ただ》ちに強力な軍備を整えた上で対等の条約をもって開国すべきという至当《しとう》（きわめて当然であり、適切であること）の意見であった。

既述《きじゅつ》したように斉彬は英仏米の琉球来航《らいこう》以来この年まで約十年間、英仏米の軍事力の威嚇《いかく》の下《もと》に執拗《しつよう》に繰返《くりかえ》されてきた通商要求を拒絶《きょぜつ》し続けてきた。彼らの開港、通商要求に応《おう》ずることは日本及び日本人の降伏《こうふく》と考えられたからである。琉球は斉彬の指導の下《もと》に粘《ねば》り強く耐《た》え抜いたのであった。斉彬としては琉球で十年間も英仏米の通商要求を拒《こば》み抜《ぬ》き踏《ふ》ん張《ば》っているのだから、徳川幕府がアメリカの開国要求に断じて屈服せず三年や五年耐え抜いてほしいと思ったのである。

しかしこのような斉彬《なりあきら》の正論を受け入れる幕府ではなかった。二百数十年間の泰平《たいへい》が続く中、幕府を背負って立つべき将軍や老中《ろうじゅう》ら首脳部《しゅのうぶ》はとっくに硬骨《こうこつ》の大和魂《やまとだましい》を失っていたのである。ペリーの軍事的威嚇《いかく》にへなへなと腰が砕《くだ》け独立国家の政府として毅然《きぜん》たる外交姿勢をただ一度も示すことなく、翌安政元年《あんせいがんねん》(一八五四)三月、日米和親条約《にちべいわしん》を結んだのである。

斉彬は自分の意見を全く無視した幕府のやり方に憤慨《ふんがい》した。ペリーと交渉した林大学頭《はやしだいがくのかみ》を「天下の罪人《ざいにん》」とまで非難《ひなん》し、屈辱《くつじょく》外交による条約締結《ていけつ》は、老《ろう》中首座阿部正弘《じゅうしゅざあべまさひろ》ら幕府首脳の油断の結果と責《せ》めた。琉球《りゅうきゅう》ではこれまで十年来何《らいなん》とか凌《しの》いできたのに、幕府はわずか二度の圧力で「ご免《めん》」(開国を承認し条約を結んだこと)になったのは甚《はなは》だ残念とのべている。斉彬は幕府首脳が国防《こくぼう》を疎《おろそ》かにし、外交的能力を決定的に欠如《けつじょ》したままペリーの砲艦《ほうかん》外交に屈従《くつじゅう》して国威《こくい》を失墜《しっつい》し、日本の名誉を汚《けが》したことを誰よりも痛嘆《つうたん》した。こうのべている。

「今の老中始め役人中《ちゅう》みな姑息《こそく》（一時のがれ、その場しのぎ）の人物にて、非常の世に処《しょ》する人は一人もなし」

「姑息苟安《こそくこうあん》（一時のがれ、一時の安楽《あんらく》をむさぼること）の策にてはとても日本は保《たも》たれまじく、誠に嘆かわしき次第《しだい》なり。非常の果断《かだん》を以《もっ》て内外《ないがい》の処分《しょぶん》（政治、外交、国防のこと）を変《へん》せざれば、（日本を）保つこと難《むつか》しかるべし。要路《ようろ》に立つ人（国家の指導者）非常の人物を登庸《とうよう》（登用）し、非常の措置《そち》をなすべき時なり。勇断《ゆうだん》なき人は事を為《な》すことあたわざるなり」

ペリーが来航《らいこう》して退去《たいきょ》したすぐ後、斉彬は幕府に、諸藩《しょはん》の軍艦建造及び兵器等軍事必要品並びに洋書輸入許可について願書《がんしょ》を出した。幕府はペリーに脅《おど》しつけられるまでこれを禁止してきたのである。幕府は諸大名が刃向《はむか》ってこないようにする為、諸藩の軍事力、経済力が強大化することを厳重に取締《とりしま》りがんじがらめに縛りつけてきた。つまり徳川幕府の行ってきた政治は徳川中心、徳川本位《ほんい》であり、日本全体の為を思う日本本位ではなかった。日本を狙《ねら》う欧米列強への国防対策を放棄《ほうき》して、国内の諸藩をまるで目の敵《かたき》のように監視《かんし》してきたのである。しかしここに至《いた》って幕府はようやく許可せざるを得なかった。外敵《がいてき》を忘れて諸藩を苛《いじ》めてきた幕府のあり方に対して、斉彬《なりあきら》はこうのべている。

「今の次第《しだい》にては外国防御《ぼうぎょ》の備《そな》えにはならない。今の世となっては日本一体一致《いったいいっち》（日本が一つにまとまること）の兵備《へいび》でなければ、外国に立ち向かうことはむつかしい。幕府も諸大名もこれまで一国一郡位《くらい》の心得《こころえ》（幕府は幕府の領地《りょうち》だけ、諸大名は自国の領地だけを守るということ）にては、日本国全体の防衛は不可能である。幕府はペリーが贈呈《ぞうてい》した西洋式本込《もとごめじゅう》銃を秘蔵《ひぞう》して諸藩に見せないと聞いている。まことに笑うべきやり方だ。一流一派の秘伝の弊害《へいがい》と同じだ。日本全国が一致一体《いっちいったい》となり、器械《きかい》も何《なに》も一様《いちよう》の良器《りょうき》が全体に備わってこそ本当の国防体制が整う。私の考えは、良き器械（軍艦や兵器のこと）が手に入《はい》ったならば、すみやかに諸大名に知らせこれを製造させるようにして、日本全国一致して欧米列強《おうべいれっきょう》の侵略に備えるようにしたい」

徳川幕府の徳川本位《ほんい》、自分本位の利己的な狭い考えに対する斉彬の批判である。幕府はこの未曾有《みぞう》の危機・国難に適切《てきせつ》に対処《たいしょ》する気力も能力も実行力もなかったのである。斉彬はこの大受難《だいじゅなん》に直面して幕府と藩《はん》が協力し合い日本を打って一丸《いちがん》とする挙国一致《きょこくいっち》の国防体制を作り上げることを誰よりも真剣に考えて自ら実行しようとしたのであった。

昇平丸《しょうへいまる》建造と「日の丸」の国旗

斉彬が当時の指導者中抜《ぬ》きん出て偉かったのは、卓越《たくえつ》した見識《けんしき》とそれに基づく並はずれた実行力であった。斉彬の意見、言葉は机上《きじょう》の空論《くうろん》ではなく常に実践《じっせん》が伴《ともな》っていたのである。

斉彬は軍艦建造の許可が下《お》るや、直ちに西洋式軍艦の建造に着手《ちゃくしゅ》した。オランダの翻訳書《ほんやくしょ》を頼りに、また藩士《はんし》を長崎に派遣《はけん》してオランダ人に造船につき学ばせ、試行錯誤《しこうさくご》の末、安政元年《あんせいがんねん》（一八五四）十二月、わが国初の西洋式帆船型《はんせんがた》軍艦「昇平丸《しょうへいまる》」の建造に成功した。全長十五間（二十七メートル）、大砲十六門を備えた。この西洋式軍艦は蒸気船ではなく規模は小さかった。蒸気型軍艦「雲行丸《うんこうまる》」

はこの翌年できた。これも日本で初めてのものである。

やがて薩摩《さつま》も幕府も諸藩《しょはん》も西洋の性能の良い軍艦を買い入れるが、最初はこうして日本人の手で造ったのである。ここが斉彬《なりあきら》のひときわすぐれていたところで、こんなことをした非西洋民族は日本人だけである。日本人は誇り高い民族だが謙虚《けんきょ》さがあった。自分にないものは已《おの》れを空《むな》しくして素直に他の長所を学ぶ。これが日本人の良いところである。

斉彬はこの昇平丸《しょうへいまる》を江戸湾まで回航《かいこう》して、老中《ろうじゅう》始め諸大名を招待して見学させたところ、みなその出来映《できば》えに驚嘆《きょうたん》した。こういう国難《こくなん》の時代にはいかにすぐれたことを言っても真《しん》に理解する人は少《すく》ない。百の議論よりも一つの実行が大切である。斉彬は日本の危機においていま何を為《な》すべきかを実践を以《もっ》て指し示したのである。日本を狙《ねら》う欧米に負けない軍艦を自分の手で造ること、あるいは保有することを実物教育したのである。そして惜《お》しげもなく昇平丸を幕府に献上《けんじょう》したのであった。斉彬には幕府も薩摩もない。そんな狭《せま》い了見《りょうけん》(考え)は少しもなかった。ただ眼中《がんちゅう》にあるのは天皇を戴《いただ》く日本の確固たる独立である。苦心惨憺《くしんさんたん》し

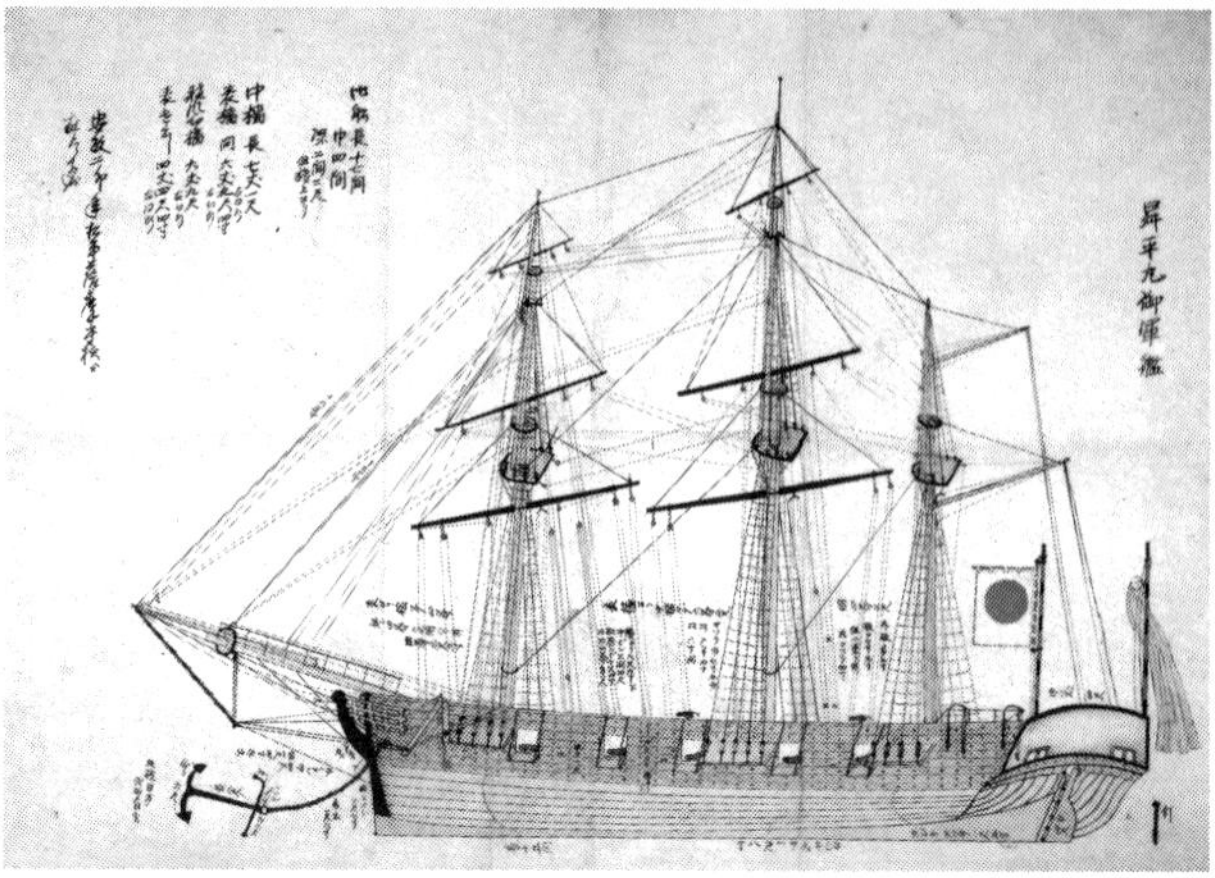

昇平丸。日本国総船印として日の丸の旗が初めて掲げられた（松平文庫所蔵・福井県立図書館保管）

て作り上げた軍艦を献上して、いま日本に必須《ひっす》不可欠《ふかけつ》のものはこれですよと教えた。斉彬はとてつもなく偉い人であったのだ。

　また斉彬は嘉永《かえい》六年（一八五三）十二月、幕府に「日本国総船印《にっぽんこくそうふなじるし》」として「日《ひ》の丸《まる》」をわが国全ての軍艦、船に掲《かか》げることを建議《けんぎ》した。斉彬は洋書を通《とお》して欧米各国には国旗《こっき》がありそれを自国の全ての船に掲げていることを知っていた。この時はまだ国旗という言葉は使われていなかった。斉彬は調査、熟慮《じゅくりょ》の末日本国旗として日の丸の旗こそもっともふさわしいとして提案したのである。ところが幕府は最初日の丸は幕府の船だけに採用し、各藩《かくはん》は藩の紋章《もんしょう》を使えという態度を示した。ここが幕府のどうしようもなく駄目《だめ》なところで、あくまで徳川中心、徳川本位であり、常に日本全体を考えるというところが根本的に欠如《けつじょ》していた。結局それが徳川幕府の潰《つぶ》れた理由である。そこで斉彬《なりあきら》は強く抗議したところ幕府は折れて、日本の全ての船に掲げることになったのである。わが国の「日の丸」の国旗を定めたのが斉彬であった。危機に陥《おちい》った日本を救い出すためにまず何が大切かを知り、万難《ばんなん》を排《はい》しあらゆる努力を傾けて実践につとめた比類《ひるい》なき指導者であったのである。

3、新生日本の手本・雛形《ひながた》を作り上げた奇蹟の七年間

「富国強兵《ふこくきょうへい》」の実践――薩摩《さつま》を近代的国家に変える

日本が欧米列強《おうべいれっきょう》に脅迫《きょうはく》されて侵略・支配を受けない為《ため》にはどうすればよいか。それは欧米の日本威嚇《いかく》の武器である強力な西洋式軍艦と大砲をいち早く備えて、決して彼らの侮《あなど》りを受けない国防力・軍事力を持つことにほかならない。斉彬は家臣《かしん》にこうのべている。

「日本の形勢《けいせい》（ありさま、情勢）は累卵《るいらん》の危《あや》うき（きわめて不安定で危険な状態）に臨《のぞ》

み危急存亡《ききゅうそんぼう》の時にある（日本が滅亡寸前《すんぜん》の国難に直面しているということ）。従って欧米《おうべい》に侵略を受けない国防力を備えることが、直《ただ》ちにしなければならない第一の任務である。強力な軍備が整っていなければ、独立国としての威力《いりょく》と実質《じっしつ》を欠き、しまいにはインド・シナのように欧米の植民地・隷属国《れいぞくこく》になる憂目《うきめ》を見るほかはない」

　軍艦や大砲を自力《じりき》で作る為《ため》にはどうしても西洋の科学技術による近代的工業を興《おこ》して、国を富ませ国力を増大し強化《きょうか》する必要がある。斉彬《なりあきら》はこれを「富国《ふこく》強《きょう》兵《へい》」と言い、まず薩摩藩《さつまはん》において実現せんとして、心血《しんけつ》を注《そそ》いで実践躬行《じっせんきゅうこう》（自ら率先《そっせん》して実行すること）した。明治時代の一大目標が「富国強兵」であったが、その名づけ親は斉彬である。

　斉彬はこうした認識《にんしき》に立ち国防力の強化、軍備の近代化（西洋化）を直ちに開始した。斉彬は藩主《はんしゅ》に就任するや先にのべた西洋式軍艦の建造とともに、鉄製大砲鋳造《ちゅうぞう》に着手《ちゃくしゅ》した。それまで洋式砲の製造が行われていたが、それは青銅《せいどう》砲であった。それはわが国在来《ざいらい》技術でも製造は容易であった。斉彬は青銅砲をもっと強力な鉄製砲に変えようとしたが、その為にはどうしても西洋の科学的技術を採用しなければならなかったのである。

鉄製大砲を造る鋳造法《ちゅうぞうほう》はこうだ。まず鉄鉱石を溶鉱炉《ようこうろ》で溶《と》かして銑鉄《せんてつ》を造る。それを反射炉《はんしゃろ》で再び溶かして鋳型《いがた》に流しこんで円柱《えんちゅうじょう》状の砲身《ほうしん》を鋳造《ちゅうぞう》、鑽開台《さんかいだい》で砲身に弾丸《だんがん》をこめる砲腔《ほうこう》(大砲の筒《つつ》の部分)をくり抜いて大砲を完成させるのである。

反射炉は鉄製砲を造る上になくてならないものである。わが国で最初に反射炉を作ったのは嘉永《かえい》三年(一八五〇)佐賀藩である。佐賀藩は幕府から長崎防衛を命じられていたから西洋文明に早くから接触、オランダの書物に基づき苦心の末《すえ》反射炉を作り、鉄製大砲を造りあげた。

斉彬は佐賀藩からその翻訳書を譲《ゆず》り受けて反射炉作りを始めた。反射炉はレンガ造りの四角の塔《とう》である。千四百度の高温に耐《た》える耐火《たいか》レンガを製造して反射炉を作りあげるのだが、試行錯誤《しこうさくご》の苦難、失敗に次ぐ失敗の連続であり、担当者たちはあまりの困難さに音《ね》を上《あ》げた。斉彬はこういって励ました。

「反射炉《はんしゃろ》建造は日本創業《そうぎょう》（わが国で初めてのこと）のことだから、佐賀では十八回も失敗を重ねてようやく成功したという。だから決して挫《くじ》けることなく今から数十回試験の苦労を積み重ねるならば必ず成功するに違いない。西洋人も人なり。佐賀人も人なり。薩摩人《さつまじん》も同じく人なり。退屈《たいくつ》（後退しあきらめること）せずますます研究すべし」

頑丈《がんじょう》な反射炉がようやく完成したのは安政《あんせい》四年（一八五七）である。また安政元年（一八五四）には溶鉱炉《ようこうろ》（日本最初）、同二年には鑽開台《さんかいだい》が建設された。これら三つの施設を作るのに数万両が投《とう》じられた。こうしてこの反射炉から鉄製大砲が数十門造り出されていった。ここに至るまで藩主就任以来約七年間かかったのである。つまり斉彬《なりあきら》は藩主《はんしゅ》時代のほとんどをオランダの書物をたよりに、西洋式軍艦と大砲造りに明暮《あけく》れたのである。斉彬がかくも命懸《いのちが》けの努力を傾注《けいちゅう》し精根《せいこん》の限りを尽したのは、こうしない限り日本は滅び去るしかないと思い詰《つ》めたからである。斉彬はここで造った西洋式鉄製大砲を薩摩の主要《しゅよう》海岸に据《す》えつけた。

斉彬死後の文久《ぶんきゅう》三年（一八六三）、薩英戦争《さつえいせんそう》が起きた。当時の世界を支配したのがイギリスであり、イギリス海軍は世界無比《むひ》の強さを誇った。そのイギリス極東《きょくとう》艦隊が薩摩に来襲《らいしゅう》したのだから、薩摩にとりまさに国難であり存亡《そんぼう》の瀬戸際《せとぎわ》であった。ふつうならとても勝目《かちめ》なく惨敗《ざんぱい》を喫《きっ》して領土の一部を奪われたに違いない。ところが薩摩藩は決死の覚悟で戦い敗北しなかったのである。その理由は斉彬が造って備えた海岸の大砲が、イギリス艦隊に少《すく》なからぬ打撃を与え、同艦隊は薩摩藩以上の死傷者を出したからである。薩摩藩は対等以上の戦いをしたのである。イギリス軍は海上だけで陸上戦闘が出来《でき》なかった。もしそうしたなら全員皆殺しにあい生き帰ることは出来なかったであろう。イギリス軍は勝利を断念、とうとう引揚《ひきあ》げた。つまり薩英《さつえい》戦争は引分《ひきわ》け、痛み分けに終ったのである。泣く子も黙る世界最強のイギリス海軍が、日本の一藩にすぎない薩摩と戦って勝てずに引き下《さが》るなどということは決してありえないことであった。斉彬の造った大砲がこの時威力を発揮して、イギリスに日本の隷属化《れいぞくか》・植民地化を諦《あきら》めさせるのに力あったと言えよう。欧米《おうべい》の日本侵略を阻止《そし》する為には、日本もまた敵の武器を備えてこれを以《もっ》て撃《う》ち攘《はら》うしかないということを、斉彬は実地《じっち》に教育したのである。薩摩の人々はこのとき斉彬《なりあきら》の計り知れない偉さをしみじみ思い知らされたのである。

集成館《しゅうせいかん》の事業――斉彬は「驚嘆すべき科学者」

斉彬が最も力を注《そそ》いだことは西洋式軍艦と大砲を造り欧米《おうべい》に決して侵略を許さない国防力、軍事力を備えることであったが、それは西洋の科学技術を取り入れることによってのみ可能であった。それゆえ斉彬は多くの蘭学者《らんがくしゃ》を駆使《くし》して蘭書を翻訳《ほんやく》させ、科学技術のもとである物理・化学の学問を活発に興《おこ》して近代的工業の発展に全力を尽した。城内には「開物館《かいぶつかん》」、城外には「集成館《しゅうせいかん》」とよばれる工場が作られ、ここで各種の工業が開始されて行った。製鉄、大砲、弾丸《だんがん》を始め火薬、水雷《すいらい》、地雷《じらい》、蒸気機関《じょうききかん》などの軍事製品だけではなかった。電気、ガス灯、写真機、紡績機《ぼうせきき》、アルコール、硝酸《しょうさん》、硫酸《りゅうさん》、農機具、建築用具、薩摩切子《さつまきりこ》ガラス、白糖《はくとう》、氷糖《ひょうとう》、樟脳《しょうのう》、紙、木炭《もくたん》等々、並々ならぬ苦辛《くしん》と莫大《ばくだい》な費用を投じて実用化及び量産《りょうさん》に努めたのである。

斉彬は鹿児島城本丸と二の丸までの数百メートルの間で電線を引いて電気通信を行っている。また写真機をつくり自分や娘らを写している。磯別邸《いそべってい》にはガス灯《とう》がともされた。

斉彬は日本初の蒸気型軍艦雲行丸《うんこうまる》を造ったが、蒸気機関造りは困難を極めた。箕作阮甫《みつくりげんぽ》、杉田成卿《すぎたせいけい》、緒方洪庵《おがたこうあん》らの蘭学者に蒸気機関及び蒸気船についてのオランダの書物を翻訳させ、部下に調査、研究させた。また長崎に部下をやりオランダの軍艦に乗りこみ、オランダ人技術者について機関や運転についての実物学

尚古集成館。集成館事業を進める中で、慶応元年（1865）に磯の地に竣工された機械工場。現在、島津家の歴史や文化、集成館事業を語り継ぐ博物館として活用されている。（尚古集成館所蔵）

習をさせた。こうして苦心に苦心を重ね、安政《あんせい》二年(一八五五)蒸気機関が完成した。この蒸気機関を装備したのが雲行丸《うんこうまる》である。藩主《はんしゅ》就任五年目である。

これらの事業は全て「二つビンタ」といわれた斉彬《なりあきら》の方針、指導、指示によって行われた。集成館《しゅうせいかん》で働く人々は千人を超えた。このようにして斉彬はわずか七年半で、薩摩《さつま》を一個の近代的工業国に変貌《へんぼう》させたのである。このことがいかに名状《めいじょう》に尽《つく》しがたい至難《しなん》の大事業《だいじぎょう》であったかにつき、「雪の博士」として有名だった科学者中谷宇吉郎《なかやうきちろう》(北海道帝国大学教授)は、「斉彬公は驚嘆すべき科学者である」と次のようにのべている。

「斉彬公は今日に劣らぬ困難な時に当《あた》って、外に向かって何等大声疾呼《なんらたいせいしっこ》することなく静かに藩政《はんせい》を治《おさ》め科学工業を興《おこ》し、勤皇《きんのう》の志《こころざし》を堅《かた》め、琉球《りゅうきゅう》を通じてわが国の世界的雄飛《ゆうひ》を策《さく》したのである。斉彬公は西洋文明の研究に深く立入《たちい》り、特に理化学の応用が彼の実力の盛んなること、特に軍器《ぐんき》の精巧《せいこう》(細工《さいく》などが巧《たく》みでよく行き届きすぐれていること)なるはその応用にあることを確信して、西洋文明の輸入に全力を注《そそ》がれた。当時澎湃《ほうはい》(盛んにおこること)として高まりつつあった攘夷《じょうい》熱《ねつ》（日本を侵略せんとする欧米《おうべい》を撃《う》ち攘《はら》い日本の独立を守ろうとする熱情）の嵐の中にあって外国人を引見《いんけん》し原書《げんしょ》を翻訳《ほんやく》せしめ、その技術の輸入に努力したのである。かく外難《がいなん》（欧米が日本を狙《ねら》う国難）に直面し富国強兵《ふこくきょうへい》を謀《はか》り、しかもその手段を敵《てき》側《がわ》に求めることの困難さは十分想像されるところであるが、それを果敢《かかん》に為《な》し遂《と》げられたのである。幕末の天下騒然《てんかそうぜん》として、安政《あんせい》の大獄《たいごく》だの井伊大老《いいたいろう》の死等《しとう》を目前に控え国内鼎《こくないかなえ》の沸《わ》く（物事が混乱して騒がしいさま）が如《ごと》き事情を外《そと》にして、鹿児島の一隅《いちぐう》において着々《ちゃくちゃく》と近代工業の基礎を築かれつつあったことを知らなくては、明治年間の国力の充実《じゅうじつ》は了解《りょうかい》されない。明治維新《めいじいしん》の大業《たいぎょう》が実《み》を結んだ原因の一つには、この斉彬公の如き大人物がいたことがあげられるであろう」

明治維新という奇蹟《きせき》の偉業《いぎょう》の成就《じょうじゅ》は傑出《けっしゅつ》した先覚者が幾人《いくにん》か存在したからだが、中でも島津斉彬《しまづなりあきら》の為し遂げた仕事は余人《よじん》をもって為し難《がた》い大事業であり、その先駆的役割は特筆大書《とくひつたいしょ》されなければならないのである。

近代的軍隊に一新——日本一の強兵《きょうへい》に

斉彬《なりあきら》が西洋式軍艦と大砲の製造に肝胆《かんたん》を砕《くだ》いた(心を尽くした)のは、偏《ひとえ》に亡国《ぼうこく》の危機《きき》に瀕《ひん》する日本を欧米の侵略から救い出す為《ため》であり、欧米に対抗しうる国防力を備える為であった。斉彬は軍艦・大砲造りと並行《へいこう》して、薩摩藩《さつまはん》旧来《きゅうらい》の軍《ぐん》制《せい》を根本的に変革し西洋式の大砲小銃《しょうじゅう》、軍艦中心の新しい軍事体制に切《き》り換《か》えた。

斉彬は自ら創案《そうあん》工夫《くふう》した装備《そうび》の近代化を行ない、銃隊《じゅうたい》・砲隊《ほうたい》の軍制を立て、数年のうちに約二万名の西洋式常備軍《じょうびぐん》を編成した。槍や弓ではなく西洋式小銃及び大砲をもつ近代的陸軍である。そうしてこの西洋式軍隊の訓練に自ら騎馬《きば》姿《すがた》となって指導、監督した。訓練・演習《えんしゅう》を積み重ねた末、ここに日本一の強兵《きょうへい》が誕生する。元々薩摩は戦国以来、日本有数の剛強《ごうきょう》さを誇ったが、全国諸藩中いち早く軍制改革を行ったので、天下《てんか》に並びなき強兵の藩《はん》へと一新《いっしん》した。

さらに斉彬は海軍を創設《そうせつ》した。幕府が開設《かいせつ》した長崎の海軍伝習所《でんしゅうじょ》にどの藩よりも多数の藩士《はんし》を送りこみ、諸藩中最初に海軍を備えるのである。後年「薩摩の海軍」といわれたが、東郷平八郎《とうごうへいはちろう》を始めとする海将《かいしょう》を輩出《はいしゅつ》させた。こうして斉彬は陸軍海軍ともに全国三百藩中随一《ずいいち》の強兵を作り上げることに成功するが、これが明治維新《めいじいしん》を成就《じょうじゅ》させる上にどれほど大きな役割を果したか計《はか》り知れない。

さらに明治の大国難日露戦争《だいこくなんにちろせんそう》においても、斉彬は貢献《こうけん》している。日露戦争で大活躍した陸軍海軍の主《おも》な将帥《しょうすい》の大半《たいはん》は薩摩出身の旧武士たち（大山巖《おおやまいわお》、野津道貫《のづみちつら》、黒木為楨《くろきためもと》、東郷平八郎、川村景明《かわむらかげあき》、大迫尚敏《おおせこなおはる》、伊東祐亨《いとうゆうこう》、上村彦之丞《かみむらひこのじょう》、片岡七郎《かたおかしちろう》、山本権兵衛《やまもとごんべえ》ら）で、他藩出身者を圧倒《あっとう》している。これらの将帥はみな斉彬の作り上げた薩摩の近代的陸海軍のもとで教育、訓練されて数々の実戦体験を積み重ねた人々である。つまり斉彬は日露戦争という奇蹟《きせき》の勝利をもたらした「強兵《きょうへい》」の礎《いしずえ》・土台《どだい》を築き上げた大恩人でもある。

斉彬は明治維新《めいじいしん》成就の基礎を定め、日露戦争に勝利する強兵の中心的人材を生み出す根源《こんげん》となる近代的軍隊を作った。斉彬はただ一つ日本の危機救済という大目的に立って脇目《わきめ》も振らず全てのことを行った。もし斉彬《なりあきら》がいなかったならばとうてい明治維新《めいじいしん》はなかったに違いない。

人々への仁政《じんせい》

斉彬の目標は存亡《そんぼう》の危機にある日本を救い出すことだが、同時にそれは日本国民を救《すく》い真《しん》に幸福に導くことである。それゆえ斉彬は薩摩藩《さつまはん》における士民《しみん》への政治つまり民政《みんせい》に深く心を配り、仁政《じんせい》(愛情深い政治)を施《ほどこ》した。

嘉永《かえい》四年(一八五一)藩主《はんしゅ》に就任《しゅうにん》したその年五月お国入《くにい》りして、まず第一に稲荷《いなり》大明神《だいみょうじん》、春日大明神《かすがだいみょうじん》始め城下の五神社に参拝《さんぱい》した。続いて鹿児島城において島津《づ》一門以下家老諸役人全《すべ》てに対して直筆《じきひつ》の諭達書《ゆたつしょ》(家臣《かしん》に教え諭《さと》す書)を示してこうのべた。

「藩主就任にあたり特段《とくだん》の心配《こころくば》りをしているが色々気づかないこともあるはずだから、遠慮なく異見《いけん》(様々《さまざま》な意見・考え)を聞かせてほしい。また諸役人は我意《がい》(わがまま）私欲《しよく》なく正しく道を踏《ふ》むことを心がけて心をこめて全てのことにあたってほしい」

この方針は藩士《はんし》に歓迎された。いかに身分《みぶん》の低い者でも意見書を出してよかったから、真《しん》に藩政《はんせい》を良くしたいと思う藩士は喜んで意見書を差し上げた。その一人が西郷隆盛《さいごうたかもり》だった。斉彬は全ての意見書を読んだが、その中で西郷のものがもっともすぐれており、やがて西郷を抜擢《ばってき》するのである。

続いて斉彬は藩が貯蔵《ちょぞう》していた御蔵米《おくらまい》九千石《ごく》を市価《しか》よりもずっと安く払《はら》い下《さ》げた。斉彬が藩主になる前年《ぜんねん》（嘉永《かえい》三年）は天候《てんこう》不順《ふじゅん》により農作物が不作《ふさく》で米価《べいか》が異常に高くなり、下級藩士と庶民《しょみん》は生活に困窮《こんきゅう》していた。そこで米価を適正《てきせい》な価《か》格《かく》に戻《もど》すために御蔵米《おくらまい》を安く放出《ほうしゅつ》したのである。斉彬は藩主として家臣《かしん》及び民《たみ》百姓《ひゃくしょう》の生活の安泰《あんたい》（安らかで無事なこと）を最も重視した。日々《ひび》の生活の糧《かて》であるお米の値段こそは民《たみ》の生活を左右《さゆう》するものだから、斉彬は毎日の米価その他日用《たにちよう》品《ひん》の価格を正確に調べて知っていた。斉彬は左右の者に米価その他を問うたが誰も知らず答えることが出来《でき》なかった。斉彬は懇々《こんこん》と家臣を諭《さと》し戒《いまし》めた。

「米価如何《いかん》（米価はいくらか）は国民の生活に関連《かんれん》する。これがわからんでは一国の政治は執《と》れぬ」

当時の藩主《はんしゅ》や家老《かろう》たちの大半《たいはん》は庶民たちの生活必需品《ひつじゅひん》の値段に無関心であった。斉彬《なりあきら》は驚くべき殿様であったのである。この時斉彬は家臣《かしん》に直書《じきしょ》（斉彬が直接書いた文書）を与えて米価《べいか》の引下げ政策の趣旨《しゅし》につきこうのべている。

「諸士《しょし》、住民末々《すえずえ》まで困窮《こんきゅう》のことを聞き捨てには出来《でき》ない。就任に当っては有罪の者さえ恩赦《おんしゃ》（罪を軽くさせること）があるのだから、まして無罪の困窮の士《し》民《みん》に安い米を与えたい。国家の動乱《どうらん》は人心《じんしん》の動乱より起り、人心の動乱は十中八九《はっく》、米《べい》・銭《せん》の不勝手《ふかって》（不足）より起る」

この御蔵米《おくらまい》払い下げは困窮者への当面の救済対策だったが、斉彬はそのあとすぐに米価を永久的に安定させ、民の生活を守る長期対策を立て、「常平倉《じょうへいそう》」を創《そう》設《せつ》した。これは藩直轄《はんちょっかつ》の米蔵《こめぐら》を各地に置き、豊作の時は米を買上げて貯蔵《ちょぞう》し、凶作《きょうさく》で米価が高騰《こうとう》した時にはこれを安く払《はら》い下げ、困窮者《こんきゅうしゃ》を救済するとともに米価の平均《へいきん》を保《たも》つ良法《りょうほう》であった。この創設に当り斉彬は家臣にこう諭《さと》した。

「士民が衣食に苦しむのは為政者《いせいしゃ》の恥《はじ》である。ただ恥であるのみならず国の乱れの因《もと》となる。常平倉は仁政《じんせい》の基《もと》である」

慈悲の心、思いやりの情《じょう》の深さは斉彬の天性《てんせい》であったが、斉彬は政治の根本として民政《みんせい》の安定を第一と考えていた。斉彬は民政家としても超凡《ちょうぼん》（特にすぐれていること）の手腕《しゅわん》を有していたのである。

斉彬は西洋の科学技術に基づく各種の近代工業を振興《しんこう》させたが、従来《じゅうらい》の主産業である農業を決して疎《おろそ》かにはしなかった。こうのべている。

「経済の根本は勧農《かんのう》（農業をおし進め発展させること）である。農業は人間生活の基《もと》である。世の中に農業にかかわりないものは何もない。古人《こじん》（昔の人）も国の本《もと》は農と言っている。勧農は政治《せいじ》の本である」

斉彬は農業のほか林業、漁業、養蚕《ようさん》、製塩《せいえん》等、民を救いその生活を豊かにし国を富ませる諸事業を次々に推進した。斉彬の七年間の治政《ちせい》は実質的には二十年、三十年に相当する中身《なかみ》の濃《こ》いものであった。

斉彬は軍艦・大砲の建造、集成館《しゅうせいかん》の事業には惜《お》しげもなく大金を使ったが、藩政において出来る限り無駄を省《はぶ》き、家臣《かしん》には質素倹約《しっそけんやく》の諭達書《ゆたつしょ》を出し自《みずか》ら率先《そっせん》実行《じっこう》した。平常《へいじょう》は木綿《もめん》の着物ですごした。よく民情視察《みんじょうしさつ》に出かけたが、その時持参《じさん》する弁当のおかずは漬物《つけもの》だけだった。

家臣達には分相応《ぶんそうおう》の質素《しっそ》の生活を守らせ、贅沢《ぜいたく》、華美《かび》を禁じた。また賄賂《わいろ》を固く禁じた。農工商の上に立つ武士として勧善懲悪《かんぜんちょうあく》（善を勧《すす》め悪を懲《こ》らす）の正しい政治を行い、民百姓《たみひゃくしょう》が決して苦痛を蒙《こうむ》らないように努めることを厳しく指導した。

さらに親を大切にいたわり孝行《こうこう》する者、世のため人のために善いことをする人々を表彰《ひょうしょう》し、不幸な人々、孤独な病人、一人暮らしの老人たちをできる限り救済することを家老《かろう》たちに指示《しじ》している。斉彬《なりあきら》は仁政《じんせい》（愛情深い政治）にかくも心を尽した稀《まれ》に見る政治家であった。第二巻（『日本の偉人物語２』）の上杉鷹山《うえすぎようざん》によく似《に》ている。江戸時代東西の二大名君《めいくん》が鷹山と斉彬であった。

教育改革――薩摩《さつま》武士道の練磨

斉彬は曾祖父重豪《そうそふしげひで》同様「蘭癖《らんぺき》（オランダ好み）」と言われたほどの西洋通であった。十代の時から三十数年間も西洋を学んだが、しかし決して西洋一辺倒《いっぺんとう》（西洋文明がすぐれているとしてこり固まること）の西洋崇拝者《すうはいしゃ》とはならなかった。ふつう西洋を好む者は日本的東洋的なものを軽視《けいし》し、日本的東洋的なものを重視《じゅうし》する者は西洋に疎《うと》いというのが世《よ》の常《つね》であるが、斉彬はこの弊《へい》（あやまち）におちいらなかった。

偏《かたよ》りのない高く公平な心の持主であった斉彬は西洋の科学技術文明の価値を十分認めるとともに、彼らに足らざる日本的東洋的道徳の価値と日本人を日本人たらしめている根本的精神の大切さを誰よりもよく知っていた。智恵と才能にかけて当時いかなる藩主《はんしゅ》よりも傑出《けっしゅつ》していたが、斉彬は才智《さいち》よりもっと大事なのは倫理《りんり》・道徳《どうとく》であることを知る指導者であった。斉彬は倫理・道徳を学問・教育の根幹《こんかん》に置いた。立派な政治は立派な教育なしには決して実現し得《え》ず、政治と教育は不可分一体《ふかぶんいったい》という根本に立ち、何よりも人格すぐれた藩士《はんし》の教育に尽力した。

安政元年《あんせいがんねん》（一八五四）、斉彬は学問の本義《ほんぎ》（目的）についてこうのべている。

「学問の儀《ぎ》、文章、訓詁《くんこ》の末《すえ》になずみ（こだわり）、倫理実用《りんりじつよう》の道理《どうり》に昏《くら》く（暗く）候《そうろう》ては、不学無識《ふがくむしき》の者に同じく無益《むえき》の事《こと》に候《そうろう》。元来《がんらい》、学問の本意《ほんい》は、義理《ぎり》を明《あきら》かにして心術《しんじゅつ》を正《ただ》し、己《おの》れを治《おさ》め人を治むる器量《きりょう》を養い、君父《くんぷ》に対して忠孝《ちゅうこう》を尽《つく》し、全体を汚《けが》さざる儀《ぎ》第一の要務《ようむ》と存《ぞん》じ候《そうろう》」

　学問とは書物《しょもつ》をよく読み、古文《こぶん》の字句の意味を知りあるいは注釈《ちゅうしゃく》を加えてただの物知りになることではない。人間にとり最も大切な倫理道徳《りんりどうとく》の道に暗ければ、それは何も学ばず知らない者と同様で全《まった》く世の中の役に立たない。学問の真《しん》の目的は、人間の踏《ふ》み行《おこな》うべき義《ただ》しき道理《どうり》を明《あきら》かにし、人間の心のもち方を正しくし、わが身《み》を立派に修《おさ》めるとともに人をも治《おさ》める人格と才能を養い、主君《しゅくん》に忠義《ちゅうぎ》、親に孝行《こうこう》を尽《つく》し、家名《かめい》を辱《はずかし》めず国家全体の尊厳《そんげん》と名誉《めいよ》を汚《けが》さないようにすることが最も重要なことであるという意味である。その為《ため》に文武両道《ぶんぶりょうどう》を怠《おこた》ることなく和漢洋《わかんよう》の学問に精励《せいれい》することを藩士《はんし》に教え諭《さと》した。加えて藩校《はんこう》である「造士館《ぞうしかん》」「演武館《えんぶかん》」における教育の方針につき部下に示した「諭達《ゆたつ》」の主《おも》なところを挙《あ》げよう。

「学問の標的《ひょうてき》は、修身《しゅうしん》・斉家《せいか》・治国《ちこく》・平天下《へいてんか》（身《み》を修《おさ》め家《いえ》を斉《ととの》え国を治《おさ》め世界を平和にすること）の道理《どうり》を研究し、物事《ものごと》の大事さの本《もと》と末《すえ》、先《さき》と後《あと》をはっきり知り分《わ》けて、その時々の政治における重要な任務を立派に勤め上げる人物を養成することにある。文章や詩作《しさく》の学びは末である。すぐれた人物を造り上げる正しい学風《がくふう》が奮起《ふんき》するようよくよく学問の中身《なかみ》を吟味《ぎんみ》（調べること）せよ」

「三綱《さんこう》（君臣《くんしん》の道・親子の道・夫婦の道の三つ。人間の道の根本とされた）、五常《ごじょう》（仁《じん》・義《ぎ》・礼《れい》・智《ち》・信《しん》の人間の守るべき五つの道）の本領《ほんりょう》（主要なこと）を守り、理義《りぎ》（根本の道理）を明《あきら》かにし、名分《めいぶん》（倫理道徳）を正し、祖宗《そそう》（祖先）を敬《うやま》い尊《とうと》び、生まれた国の発展の道を開くことは、天理《てんり》（万物に通ずる神の心）・自然の道理である。

この頃の儒学者《じゅがくしゃ》の中にはわが皇国《こうこく》を夷狄《いてき》（シナはまわりの国を文化のない野蛮《やばん》な国として蔑視《べっし》した。儒教《じゅきょう》を学んだ江戸時代の学者の中には儒教にかぶれてシナ一辺倒《いっぺんとう》になり自国を侮辱《ぶじょく》する者がいた）同様に心得違《こころえちが》いをして、わが国の古典《こてん》、律令《りつりょう》、格式《きゃくしき》を知らず、『六国史《りっこくし》』（『日本書紀《にほんしょき》』・『続日本紀《しょくにほんぎ》』・『日本後紀《にほんこうき》』・『続日本後紀《しょくにほんこうき》』・『日本文徳《にほんもんとく》天皇実録《てんのうじつろく》』・『日本三大実録《にほんさんだいじつろく》』の六つの国史《こくし》）以下のことを知らない者もある。日本人として何よりも大切なことは、皇室《こうしつ》の御祖先天照大御神《ごそせんあまてらすおおみかみ》の御明慮《ごめいりょ》（それは『古事記』・『日本書紀』に明《あきら》かに記されている）を慎《つつし》み畏《かしこ》むことである。これらのことを深く分別《ふんべつ》して薩摩藩《さつまはん》の正しい学問を振《ふ》り起《おこ》して真《しん》に国家に役立つ人物を育成するよう工夫《くふう》すること」

非常に大事な文章である。日本人として生きる上に最も大切なことは何《なん》であろうか。それはわたし達を生み育ててくれた祖国日本について正しく深く知ることである。天照大御神《あまてらすおおみかみ》を皇祖《こうそ》・国祖《こくそ》と仰《あお》ぐ万世一系《ばんせいいっけい》の天皇を戴《いただ》く皇国《こうこく》日本の成り立ち、日本の歴史・伝統・文化についてよく知らなければ日本人とは言えない。日本をよく知るためには日本の国典《こくてん》、国史《こくし》、和歌《わか》などの日本の学問（国学《こくがく》、和学《わがく》ともいう）を学ばなければならない。斉彬《なりあきら》は当時の藩主中《はんしゅちゅう》誰よりもよく学び国学に精通《せいつう》していた。この日本の学問の上に立って儒教・漢学並びに西洋の学問を真剣に学び続けて、「彼《かれ》を知り己《おの》れを知ること」に努めたのである。少年時から藩主になるまでの三十数年間の斉彬の勉学は、まことにすさまじかったのである。さらに斉彬はこうのべている。

「日本シナの経史《けいし》（倫理道徳《りんりどうとく》の教えと歴史の書）をよく学びそれを手本として大義名分《たいぎめいぶん》（人間の踏み行うべき根本の道義《どうぎ》）を明《あきら》かにし、国家がいかにして興《おこ》りいかにして衰亡《すいぼう》するか、いかにして治《おさ》まりいかにして乱《みだ》れるかの本源《ほんげん》を研究することにより、日本のため薩摩藩のために真《しん》に役立つ人物・良臣《りょうしん》が養成されるよう藩士《はんし》たちを教え導くことが大切である」

倫理道徳と歴史の学びがすぐれた人物を造り上げる根本だと斉彬はのべている。第二巻（『日本の偉人物語2』）の上杉鷹山《うえすぎようざん》の考えと全く一致している。

皇国《こうこく》の大道《だいどう》を世界に広め皇化《こうか》を宇内《うだい》に布《し》かん

「わが国の古今《ここん》の賢相《けんそう》（大臣）智将《ちしょう》は明《あきら》かに皇国の大道（天皇を国家の中心として戴《いただ》く

根本の道、神道《しんとう》を深く理解し、シナの儒教《じゅきょう》の教えまでよく知り尽し、国家のために尽力したことは国史に歴然《れきぜん》と明《あきら》かである」

斉彬《なりあきら》はここで「皇国《こうこく》の大道《だいどう》」とのべている。皇国の大道とは仏教や儒教が伝来《でんらい》する前から存在したわが国本来の根本の道である。それは日本人の生き方であり信仰であり宗教といってもよい。第一巻(『日本の偉人物語1』)でのべたが、二宮尊徳《にのみやそんとく》はこれを「皇国固有《こうこくこゆう》の大道《だいどう》」と言っている。斉彬と全く同じである。この「皇国固有の大道」を従来《じゅうらい》わが国では、「神《かみ》の道《みち》」「神《かん》ながらの道」「神道」とよんできたのである。

「昔から国家の政治に関《かかわ》る者は一時《いっとき》も学問を捨て忘れてはならない。ところがわが藩《はん》では学問を怠《おこた》る者が多く、それゆえに道理《どうり》・道義《どうぎ》に暗く心を正し身《み》を修《おさ》める実践をせず、私利私欲《しりしよく》にふけり家も乱れ士風《しふう》(武士道)の正しくない者がある。上級の役職を勤める者にも道理に暗く今日の時世《じせい》にうとい者が見受けられるから、よくよく反省して学びつとめなければならない」

国家や藩の指導者こそ最も学問に励み修養を積まなければならないことは、いかなる時代にも強調されなければならない。上杉鷹山《うえすぎようざん》も同様で、「人君《じんくん》はただ学《がく》術《じゅつ》に止《とど》まり候《そうろう》（国家や藩の指導者の最も大切なことは、立派な政治を行う為《ため》にただひたすら学問・修養につとめることである）」とのべている。江戸時代、この二人ほど真剣に学問した指導者はいなかった。それゆえにこそ二人は稀有《けう》の名君《めいくん》たりえたのである。

「学校は全《まった》く人道《じんどう》を修治《しゅうち》（身《み》を修《おさ》め人を治《おさ》めること）する為のものである。経義《けいぎ》（倫《りん》理道徳《りどうとく》）を明《あきら》かにし正しい心をみがき、兵法武術《へいほうぶじゅつ》（戦法《せんぽう》及び刀・槍・鉄砲などの武術）を勉強して、国家の興廃治乱《こうはいちらん》、政治をよく知ることは、武士たる者の人道上の主《しゅ》要《よう》な任務である。孫子《そんし》も、彼を知り己《おの》れを知るもの百戦して危《あや》うからずといっている。従って和漢《わかん》の学問だけではなく、外夷防御《がいいぼうぎょ》（欧米の侵略を阻止《そし》すること）第一の時節《じせつ》だから、欧米《おうべい》諸国の事情をよく知るために、西洋の長所を取り入れわが短所を補《おぎな》い、上下一同心を合わせ国内一致して日本の威武《いぶ》（威力《いりょく》・武勇《ぶゆう》）を十分に示し欧米の侵略を撃《う》ち攘《はら》うことこそ、今日の武士たる者の急務である。従って西洋の翻訳書《ほんやくしょ》の数々も熟読《じゅくどく》し、欧米の国情《こくじょう》、科学技術、機械のことも知りわが力となして、皇国《こうこく》日本の大道《だいどう》、道義《どうぎ》が海外万国《かいがいばんこく》に隈《くま》なくゆきわたるよう心《こころ》がけることが肝要《かんよう》（大切）である」

斉彬《なりあきら》の薩摩藩改革《さつまはんかいかく》はすべて「外夷防御第一《がいいぼうぎょ》の時節《じせつ》」という現状認識《げんじょうにんしき》から出発している。それゆえに「彼を知り己れを知る」ことが必須不可欠《ひっすふかけつ》となり、日本を狙《ねら》う欧米《おうべい》について知るための学問・知識がなくてはならないことになるのだ。そうして日本にない西洋の機械である軍艦・大砲をわがものとして欧米の侵略を打ち払《はら》うのみならず、「皇国《こうこく》の大道《だいどう》」を世界におし広め、皇化《こうか》を万国《ばんこく》に行きわたらすべしというのである。斉彬の精神・気宇《きう》がいかに高大《こうだい》であったか思いやられる。

斉彬はこのようにして数百年の長い伝統に培《つちか》われてきた薩摩武士の忠誠《ちゅうせい》・武勇《ぶゆう》・正直《しょうじき》・朴訥《ぼくとつ》（飾り気がなく寡黙《かもく》なこと）の士風《しふう》にさらに磨《みが》きをかけ、日本の新生再生を担《にな》うに足る人物の養成に尽力《じんりょく》した。薩摩藩《さつまはん》が明治維新《めいじいしん》と明治の御代《みよ》を担う幾多《いくた》のすぐれた人材を輩出《はいしゅつ》したのは、全《まった》く斉彬のこうした努力の賜物《たまもの》であったのである。

4、百世《ひゃくせい》に卓越《たくえつ》する指導者

斉彬の根本精神——尊皇《そんのう》

斉彬が最も重んじたことは「皇国《こうこく》の大道《だいどう》」であり、「皇祖《こうそ》天照大御神《あまてらすおおみかみ》の御明慮《ごめいりょ》を畏《かしこ》む」ことであった。斉彬は日本は「日《ひ》の本《もと》」であり「日出《ひので》の国《くに》」といい、「天照大御神の支配し給《たま》う国」とのべている。神道《しんとう》、国学《こくがく》につき斉彬ほど徹底した理解をもつ藩主《はんしゅ》は稀《まれ》であった。斉彬は天皇を戴《いただ》く国体《こくたい》の護持《ごじ》のためにその生涯を捧《ささ》げたのであり、斉彬の志《こころざし》は尊皇《そんのう》にあった。欧米列強《れっきょう》の侵略から皇国《こうこく》日本を守り抜く為《ため》に全てのことを行ったのである。斉彬《なりあきら》が藩主《はんしゅ》となって初めて家臣《かしん》に下《くだ》した訓示《くんじ》の一節《いっせつ》にこうある。

「浦々末々《うらうらすえずえ》に至《いた》るまで我らが知行所《ちぎょうしょ》（自分のものとして支配する領地《りょうち》）と思うことは第一の心得違《こころえちが》いであり、天子《てんし》（天皇）より国家人民を預《あずか》り奉《たてまつ》ると考えれば間違いない」

またこうものべている。

「諸侯《しょこう》（藩主そして徳川将軍も同じ）の第一に心得《こころえ》なければならないことは、国家をわが物と思い家臣《かしん》、民百姓《たみひゃくしょう》をわが家人《けにん》と思う事が心得違《こころえちが》いの第一である。国家は勿論士民《もちろんしみん》に至《いた》るまで、天《てん》（神）より帝王《ていおう》（天皇）に命じ、帝王より預《あずか》り奉《たてまつ》ると思って万事《ばんじ》その心を第一として国政《こくせい》を施《ほどこ》さなければならない。その心を朝夕《あさゆう》に忘れず、わが身《み》の驕《おご》りを省き民《たみ》を恵《めぐ》むならば、千代万代《ちよばんだい》まで天より恵みを受けて、国家も長久《ちょうきゅう》（永遠）に子孫もいよいよ栄え楽しむことができるであろう」

斉彬はこの言葉を折《おり》にふれ時にのぞみ家老《かろう》始め藩士《はんし》に説き諭《さと》した。この言葉こそ藩主として斉彬の根本精神であり、政治の指導方針であった。言い換えるとこうである。

日本の国土と国民を統治《とうち》するのはあくまで天皇であり、将軍や藩主ではない。将軍や藩主は天皇の名代《みょうだい》（代り）として委任《いにん》（まかすこと）されて土地・人民を統治しているのである。わが国は天照大御神《あまてらすおおみかみ》の「天壌無窮《てんじょうむきゅう》の神勅《しんちょく》」に明《あきら》かに示されているように、天照大御神の子孫である歴代《れきだい》の天皇が天地とともに永遠に国家の中心に立って統治する国である。従って将軍・藩主及び武士はこのような根本的姿勢《しせい》、心得《こころえ》に立ち、傲慢《ごうまん》・驕慢《きょうまん》（おごり高ぶり威張《いば》ること）の心を去りあくまで謙《けん》虚《きょ》に深い慎《つつし》みの心をもって政治をとり行わなければならないと言っているのである。当時の幕府の将軍や老中、幕臣《ばくしん》、大半の藩主・藩士にはこの心が不足欠如していたのである。今日《こんにち》もそうである。現在の政治家に最も足りないのは、天照大御神並びに天皇を畏《おそ》れ敬《うやま》い慎みかしこむ無私《むし》の謙虚な心である。この心が欠けているならいかに頭がよく才能があり手腕がすぐれていても政治家として失格である。斉彬は為政者《いせいしゃ》として最も大切なことを知り実行した最高の指導者であった。この斉彬の根本精神をまっすぐに正しく受け継いだ人物こそ愛弟子《まなでし》の西郷隆盛《さいごうたかもり》である。

※天照大御神《あまてらすおおみかみ》の天壌無窮《てんじょうむきゅう》の神勅《しんちょく》

豊葦原千五百秋之瑞穂国《とよあしはらのちいほあきのみずほのくに》（日本）は是《こ》れ吾《あ》が子孫《うみのこ》の王《きみ》たる可《べ》き地《くに》なり。宜《よろ》しく爾《いまし》（なんじ）皇孫《すめみま》（天照大御神の子孫。瓊瓊杵尊《ににぎのみこと》）就《ゆ》きて（行って）治《しら》せ（知ろしめすこと、統治《とうち》すること）。行矣《さきくませ》（幸《さき》くませ）。宝祚《あまつひつぎ》（天津日嗣《あまつひつぎ》・天皇）の隆《さか》えまさんこと、当《まさ》に天壌《あめつち》と窮《きわま》り無《な》かるべし。

孝明天皇《こうめいてんのう》への忠誠《ちゅうせい》

斉彬《なりあきら》は当時の天皇陛下《へいか》である孝明《こうめい》天皇に心の底から忠誠を尽した。安政元年《あんせいがんねん》（一八五四）、京都御所《きょうとごしょ》が炎上《えんじょう》した。全焼である。斉彬は深く憂慮《ゆうりょ》して直《ただ》ちに御三家《ごさんけ》の二つ水戸《みと》と尾張《おわり》の両徳川氏に書を送り、幕府がすぐさま御所《ごしょ》を再建するよう尽力《じんりょく》を懇請《こんせい》し、次のようにのべている。

「幕府は海防《かいぼう》（国防のこと）を理由に節約令《せつやくれい》を出し御所《ごしょ》へのお手当《てあて》を厳しく制限しているため、御所では生活が苦しくなり孝明天皇はご不自由をなされて何《なん》の慰《なぐさ》みもない。かくのごとき幕府のやり方が天罰覿面《てんばつてきめん》（すぐまのあたりにあらわれること）、皇居炎上《こうきょえんじょう》の天災《てんさい》を生《しょう》じかえって幕府のために多大な失費《しっぴ》を招くに至《いた》った。朝廷《ちょうてい》においていかほど節約されても海防費の一助《いちじょ》となるはずもなく、将軍家の不徳《ふとく》になるばかりである。従って今後は朝廷に対し一層手厚《いっそうてあつ》くして、皇居の造《ぞう》営費《えいひ》は申すに及ばず万端《ばんたん》（全てにわたり）ご不自由にならざるよう皇室尊奉《こうしつそんぽう》（尊崇《そんすう》し奉《たてまつ》ること）の実《じつ》を上げてほしい。外様大名《とざまだいみょう》である自分の建議《けんぎ》は行われ難《がた》いから、御三家である水戸・尾張両公《りょうこう》の意見として幕府に言上《ごんじょう》していただきたい」

水戸・尾張両公はこれに賛同《さんどう》、老中阿部正弘《ろうじゅうあべまさひろ》に申し入れた。阿部は賛意を表したが勘定奉行が容易に承知せず難航した。斉彬は最初表面に出なかったが意を決して阿部や勘定奉行に膝詰談判《ひざづめだんぱん》をし、それほど金がかかると言うのなら藩主たちに賦役《ふえき》（金を出させること）を申しつければよいではないかと切言《せつげん》したところ、幕府はようやく重い腰を上げて御所造営《ごしょぞうえい》にとりかかったのである。こうしたところにも幕府の天皇・朝廷に対する姿勢の不忠《ふちゅう》、不敬《ふけい》ぶりがあらわれているのである。

御所造営《ごしょぞうえい》が滞《とどこお》りなく行われたあと、斉彬《なりあきら》は孝明天皇《こうめいてんのう》のおてもとに金《きん》五千両、並びにご内意《ないい》を伺《うかが》い短刀《たんとう》、楽器《がっき》、小簞笥《こだんす》などを献上《けんじょう》した。孝明天皇は「平常《へいじょう》のものとしては立派すぎる」と深くお悦びになり、斉彬の忠誠《ちゅうせい》に対して次の御宸《ごしん》筆《ぴつ》（天皇自ら書かれたもの）の御製《ぎょせい》を賜《たまわ》った。

武士《もののふ》も　心あはして　秋津洲《あきつす》の
国《くに》はうごかず　ともにをさめむ

※秋津洲＝日本のこと

（汝《なんじ》のごとき忠誠《ちゅうせい》なる武家《ぶけ》が私と心を一つにして力を尽すならば、この秋津洲《あきつす》の日本は永遠に安泰《あんたい》である。どうか国家のためにますます尽してほしい。頼むぞ斉彬よ）

安政《あんせい》五年（一八五八）、斉彬が不慮《ふりょ》の死を遂げその知らせが京都に届いた時、孝明天皇は深く嘆かれ涙を流された。

これほどの人物であったから斉彬は、幕府を始め諸藩の尊皇《そんのう》の大義《たいぎ》（日本人として守るべき最も大事な道・道義《どうぎ》）をおろそかにして朝廷《ちょうてい》を軽んずる傲慢《ごうまん》な姿勢、徳川将軍の不敬僭上《ふけいせんじょう》（身分《みぶん》をこえて朝廷をしのぐこと）の態度に痛嘆《つうたん》して、しばしば幕府に朝廷を尊崇《そんすう》すべきことをのべて憚《はばか》らなかった。亡くなる少し前、幕府に度々《たびたび》建白《けんぱく》した意見書を要約《ようやく》して掲げよう。

㈠　朝廷御尊崇《ちょうていごそんすう》あらせられたきこと。徳川将軍は五、六年に一回上洛参内《じょうらくさんだい》（京都に上《のぼ》り天皇にご挨拶すること）すること。今のままでは君臣《くんしん》の道《みち》が乱れて、非常のとき天下の政治をしっかりとり行うことができなくなり、わが国は大変な悲劇に見舞《みま》われる。

㈡　欧米諸国の軍艦が大坂湾に押し寄せ暴虐《ぼうぎゃく》な行動に出た場合、幕府はこれを阻止出来《そしでき》るか（出来やしない）。京都、皇居の警備《けいび》はまことに危《あや》く憂慮《ゆうりょ》の極《きわ》みである。よって奈良に避難《ひなん》すべき行宮《あんぐう》（天皇の仮の御殿）を設けるべきである。
㈢　幕府は朝廷《ちょうてい》へのお手当《てあて》（生活費、これまでわずか年三万石、徳川幕府は八百万石）を増額して尊皇《そんのう》の実《じつ》を上げること。
㈣　国家の重大事は天皇のご裁可《さいか》を仰《あお》いで決定すること。徳川将軍に委任《いにん》すべき事柄《ことがら》を限定《げんてい》すること。そうせずに幕府がこれまでのように専制《せんせい》的政治を続けるならば人心《じんしん》を失う。
㈤　諸大藩に京都・大坂を守衛《しゅえい》させること。
㈥　公家《くげ》も武術・軍事について修練《しゅうれん》し、小銃《しょうじゅう》大砲のことを研究すること。
㈦　大坂湾の海岸に堅固《けんご》な砲台を築くこと。

ことに㈠と㈣が重要である。斉彬《なりあきら》が日本の危機をいかに心から憂《うれ》えたかわかる。この未曾有《みぞう》の国難《こくなん》に対処《たいしょ》する根本が、天皇を仰《あお》ぎ戴《いただ》き人心一和《じんしんいちわ》し、朝廷と武家が一体となって挙国一致《きょこくいっち》の体制を作り上げることであり、その為《ため》に先ず幕府が朝廷を尊崇《そんすう》、尊重《そんちょう》する誠意を示すことであると斉彬は重ね重ね訴えたのであった。

叡慮《えいりょ》を遵奉《じゅんぽう》し幕府の暴政《ぼうせい》を正そうとした斉彬

ところが幕府は少しの誠意を示さず、斉彬の建言《けんげん》を無視した。すでに吉田松陰《よしだしょういん》（『日本の偉人物語2』）、坂本龍馬《さかもとりょうま》（『日本の偉人物語1』）の物語でのべたように、幕府はペリー来航《らいこう》の時と同様、ハリスの脅迫《きょうはく》・威嚇《いかく》に屈《くっ》して不平等条約（関税自主権《かんぜいじしゅけん》がないこととアメリカに治外法権《ちがいほうけん》を認めたこと）である日米修好通商条約《にちべいしゅうこうつうしょうじょうやく》を結んだ。幕府はこの条約を結ぶ時、一部の反対者を抑《おさ》えつける為に、孝明天皇《こうめいてんのう》に条約調印《ちょういん》のご裁可《さいか》（ご許可）をお願いした。ご許可下さると思ったのである。だが孝明天皇は深く考慮《こうりょ》されて、このような条約を結ぶことはわが国の植民地化・亡国化《ぼうこくか》を導くと洞察《どうさつ》なされたのである。それは全《まった》く正しいご判断であった。しかし幕府の指導者、大老《たいろう》井伊直弼《いいなおすけ》は平然《へいぜん》と詔勅《しょうちょく》（天皇のご命令）を踏みにじり調印《ちょういん》を強行した（これを「違勅調印《いちょくちょういん》」という）。幕府は皇国《こうこく》日本の中心・主人公である孝明天皇の詔勅に従わずに、日本を遠からず隷属国化《れいぞくこくか》・植民地化せんとするアメリカの言いなりになり再び屈服《くっぷく》したのである。本末《ほんまつ》を転倒《てんとう》した絶対に許されない徳川幕府と大老《たいろう》井伊《いい》の大罪《たいざい》であったことを知らねばならない。このあと尊皇攘夷《そんのうじょうい》運動が巻き起るのはここに原因があったのである。

こうした井伊の独裁政治と違勅《いちょく》調印《ちょういん》に対して最も憂慮《ゆうりょ》し憤慨《ふんがい》したのが斉彬《なりあきら》である。幕府に対して度々《たびたび》朝廷尊崇《ちょうていそんすう》を訴え、重大事は詔勅《しょうちょく》を仰《あお》いで決すべきことを強調したのにそれを蹂躙《じゅうりん》（踏みにじること）したからである。斉彬はこの緊迫《きんぱく》した情勢《じょうせい》においてどうすべきかこうのべている。

「内外の混雑《こんざつ》が一時に起った以上は、断然《だんぜん》天下の政治を一変し、まず人心を一つにまとめ根本をしっかり立てた上で外国にいかに対処《たいしょ》するかを決めなければ、とても皇国《こうこく》日本の威力《いりょく》を外国に輝かすことはできない。天下の政治を根本から改めることは昨年決心したことである。この上は急いで事を実行しなければならない。

昨春まではなるだけ寛《かん》なる（ゆるやか、おだやかなやり方）を主《しゅ》としたけれどもこうなっては猛《もう》（厳しく強いやり方）に転《てん》ずるほかない。この上は天皇・朝廷のご意《い》向《こう》をお伺《うかが》いして天皇の御心《みこころ》のほどを日本中に知らしめて人心を一致し、最も適切《てきせつ》な対策を講《こう》ずる決意である」

これまで斉彬は朝廷と幕府・武家《ぶけ》が一和《いちわ》して一致協力の体制をもって日本の危機を救おうと努力してきたが、幕府はこれをぶち壊《こわ》した。「違勅調印」に孝明天《こうめいてん》皇《のう》は激怒《げきど》されて朝廷を無視、愚弄《ぐろう》する幕府の暴虐《ぼうぎゃく》なやり方に対して一時、ご譲《じょう》位《い》までなされようとした。朝廷と幕府は一体どころか対立、対決が深まった。斉彬は情勢を厳しく判断してこの上は、「寛《かん》より猛《もう》」の手段に移るしかないと考えたのである。亡くなる前月、斉彬はある人への手紙でこうのべている。

「条約は勅許《ちょっきょ》(詔勅《しょうちょく》による許可)なしで取り決めの上、将軍継嗣《けいし》(後継ぎ)は紀伊《きい》(徳川家茂《いえもち》)にご治定《ちてい》(斉彬らは一橋慶喜《ひとつばしよしのぶ》を強く押していた)の由《よし》で両違勅《りょういちょく》に相成《あいな》り恐《おそ》れ入《い》り候《そうろう》。天下の変化の時節到来《じせつとうらい》と嘆息《たんそく》のほかなく候《そうろう》。叡慮《えいりょ》(孝明天皇の御心《みこころ》)如何《いかが》の御事《おんこと》となるべきや。天下治乱《てんかちらん》の界《さかい》(境目)、天運《てんうん》に任《まか》せ候《そうろう》ほかなきと存《ぞん》じ候《そうろう》」

またもう一人への手紙でこうのべている。

「双方《そうほう》(将軍後継《あとつ》ぎと通商条約)ともに御違勅《ごいちょく》の姿《すがた》に成《な》り誠に恐れ入り候《そうろう》。幕府の大罪《たいざい》さしおき難《がた》きものと存《ぞん》じ奉《たてまつ》り候《そうろう》。大乱眼前《たいらんがんぜん》の御事《おんこと》、誠に容易ならざる時節《じせつ》到来《とうらい》と甚《はなは》だ恐れ入り候《そうろう》。孝明《こうめい》天皇が御不満のお心でいらっしゃるならば、早々お伺《うかが》いたく存《ぞん》じ奉《たてまつ》り候《そうろう》」

斉彬《なりあきら》はどこまでも孝明天皇のお心に遵《したが》い奉《たてまつ》ろうとしたのである。斉彬は幕府の政治を許しがたく思い「幕府の大罪《たいざい》」と断じ強く非難し、孝明天皇に対し不《ふ》忠《ちゅう》を極《きわ》め専制《せんせい》政治を行う幕府に対して、天皇がいかに考えておられるかを承知した上で、一大事を決行《けっこう》する時が近く必ず来ると覚悟を固めていたのである。その時は勅命《ちょくめい》をいただいて三千名の精兵《せいへい》を率《ひき》いて皇居を守護《しゅご》するとともに、暴虐《ぼうぎゃく》なる幕府のあり方を正そうとしたのである。

無念の最期《さいご》

安政《あんせい》五年（一八五八）、斉彬は緊急事態《きんきゅうじたい》に備えていつでも京都に向って出兵《しゅっぺい》できる準備を手抜《てぬ》かりなく行った。六月から七月上旬にかけて薩摩藩《さつまはん》の西洋式軍隊の軍事訓練、大砲の実弾射撃《じつだんしゃげき》が連日《れんじつ》行われた。斉彬は真夏の炎天下《えんてんか》、午前十時から夕方五時まで馬上姿で駆《か》け回り、軍事演習を指揮監督した。斉彬は精鋭無比《せいえいむひ》、天下一の薩摩軍の総司令官であったのである。

ところが七月九日突然発病《はつびょう》、高熱《こうねつ》、腹痛《ふくつう》、下痢《げり》が続き十六日、急逝《きゅうせい》するのである。数えで五十歳（満四十八歳）であった。斉彬は元来《がんらい》病気知らずの健康体であった。病名はコレラとされているが当時薩摩藩ではコレラは流行《りゅうこう》していない。最も有力な死因《しいん》は毒殺である。斉彬は魚釣《さかなつ》りが好きで自分で釣った魚に塩と飯とをそえて居間の棚にのせておき、二、三日たって鮨《すし》になったのを食べることを好んだ。この鮨に毒が盛られた可能性が高い。

藩内には斉彬の行うことに反対する勢力が根強くあった。彼らにすれば斉彬のやることは危険でとても見ていられないのである。目新しいことに大金をどんどん使い、今度は幕府に楯突《たてつ》いて大兵《たいへい》を率《ひき》いて上京するという。そんなことをすれば幕府ににらまれて薩摩藩は亡びてしまう。とんでもない殿様だ。もうこれ以上黙ってついて行くことはできないと毒を盛った。証拠はないが薩摩ではそう信ずる者が少《すくな》くなかったのである。全《まった》く無念《むねん》の死、悲劇の最期《さいご》であった。
もう一つ言うと斉彬《なりあきら》には十一人の子供がおり内六人が男子だが全て夭折《ようせつ》している。一番長くて五歳である。西郷隆盛《さいごうたかもり》らは反対派の呪詛《じゅそ》（特殊な呪術《じゅじゅつ》により呪《のろ》い殺すやり方が当時あった）により殺されたと信じた。斉彬もそう思ったのである。現在では信じ難《がた》いかも知れないが当時の人はそれを疑わなかった。わが子が呪詛《じゅそ》により皆殺《みなごろ》され、斉彬もおそらく毒殺にあったのである。当時の日本にとり、なくてはならない最も重要な人物が反対派により抹殺《まっさつ》されたのである。いかに悔《く》やんでも悔やみきれぬ斉彬の死であった。明治維新《めいじいしん》がいかに困難に満ちた大事業であったかがわかる。斉彬のあとを受け継ぐべき子供はいなかった。しかし斉彬は立派な後継者を家臣《かしん》の中に一人見い出した。それが西郷隆盛である。

斉彬の次に藩主《はんしゅ》になったのは弟の久光《ひさみつ》の子忠義《ただよし》である。しかし忠義が年少のため、久光が実質的な藩主になった。久光は斉彬とはとても比べることの出来《でき》ない人物で、斉彬が最も信頼し後《あと》を託《たく》した西郷を憎悪《ぞうお》して南の島に流して殺したいとまで思ったことは第三巻（『日本の偉人物語3』）でのべた。しかし西郷はあらゆる苦難を乗り越えて、斉彬の精神を受け継ぎついに明治維新の大業《たいぎょう》を成し遂げた。斉彬を生神様《いきがみさま》として師父《しふ》のごとく仰いだ西郷は、後に「順聖院様《じゅんしょういんさま》（斉彬）とはどんなお方だったのですか」と聞かれた時、「自分のような者がご先公様《せんこうさま》のことをあれこれ申し上げられるものではない。あたかもお天道様《てんとうさま》（太陽）みたようなお方ごわす」と答えた。斉彬七回忌《かいき》に当り有志《ゆうし》が追善供養《ついぜんくよう》した。皆が歌や詩を出した時、西郷だけは何もできず、「自分はただ感極《かんきわ》まって何の言葉も出てこない」と語っている。

　斉彬は「幕末三百諸侯《しょこう》中、英明《えいめい》第一」とうたわれたが、西郷以外に斉彬を絶賛《ぜっさん》した人物の第一は勝海舟《かつかいしゅう》である。

「侯《こう》は天資《てんし》（天から授った素質）温和《おんわ》、容貌整秀《ようぼうせいしゅう》、臨《のぞ》んで親しむべく、その威望《いぼう》（人格に威力があり人望が厚いこと）、凛乎《りんこ》（鋭く勇ましいこと）として犯《おか》すべからず。度《ど》量《りょう》（心が広くよく人を受けいれる性質）遠大《えんだい》、執一《しゅういつ》の見《けん》（一つのことに執着しとらわれること）なく、ほとんど一世《いっせい》を籠蓋《ろうがい》（人を自分の内に包みこみ味方にしてしまうこと）するの概《がい》（風格、おもむき）あり。今日、鹿児島県土の英才《えいさい》の輩出《はいしゅつ》するは、斉彬公の薫陶《くんとう》、培養《ばいよう》の致《いた》すところ。惜《お》しむらくは天、歳《とし》をかさず、侯《こう》の偉跡《いせき》、半途《はんと》にして廃弛《はいち》す（廃止になったり、ゆるめられたりすること）。皇国《こうこく》の一大不幸というべきなり」

勝海舟《かつかいしゅう》は斉彬《なりあきら》と深交《しんこう》を結んだが、斉彬の比類《ひるい》なき偉さを誰よりも知る人物であった。

「みくにの手振《てぶ》り」の復古《ふっこ》を願って

斉彬が最も敬仰《けいぎょう》してやまなかった国史上の人物は楠木正成《くすのきまさしげ》である。こうのべている。

「正成《まさしげ》は忠誠天地《ちゅうせいてんち》を貫《つらぬ》き、南朝《なんちょう》の一人《いちにん》（第一人者）なり。軍事のみならず、政事《せいじ》（政治）に取《と》りては軍事より一層《いっそう》長《ちょう》じたる人なるべし。日本にて中古《ちゅうこ》以来には正成に比する人あらざるべし」

斉彬始め西郷隆盛《さいごうたかもり》、吉田松陰《よしだしょういん》、坂本龍馬《さかもとりょうま》、高杉晋作《たかすぎしんさく》ら維新《いしん》の志士《しし》たちが一人残らず日本人の忠誠の鑑《かがみ》、最高のお手本として胸に抱《いだ》き高く仰《あお》いだのが楠木正成である。

斉彬は日本人として欠けることのない信念、教養の持主《もちぬし》で大名《だいみょう》として並びない知識人であったが、ことに和歌作りに秀《ひい》でていた。古今調《こきんちょう》の優雅《ゆうが》な歌が多く、最も多く詠《よ》んだのは梅である。

有明《ありあけ》の　かたぶく月と　諸共《もろとも》に
　雲かくれぬる　君ぞこひしき
※慈母周子《かねこ》が亡くなった時の哀悼歌《あいとうか》

子に迷ふ　心のやみは　古《いにしえ》も
　今もかはらじ　五月雨《さみだれ》の空《そら》
※愛児寛之助《かんのすけ》の死を悼《いた》んだもの

住江《すみのえ》の　松の梢《こずえ》も　春来《く》れば
　霞《かす》みて匂《にお》ふ　明《あけ》ぼのの空《そら》

春にとく　雪のひまより　咲きいでて
　匂《にお》ひえならぬ　梅の初花《はつはな》
※ひま＝すきま　えならぬ＝何ともいえず素晴らしいこと

色も香《か》も　あかぬみぎりの　梅になほ
　ながめをそふる　春の夜《よ》の月《つき》
※みぎり＝見終ること

夏しらぬ　友なりけりな　風かよひ
　清水《しみず》ながるる　松《まつ》の下蔭《したかげ》

露時雨《つゆしぐれ》　織《お》るや錦《にしき》も　幾千機《いくちはた》
　染《そ》めて映《は》えある　里《さと》のもみぢ葉《ば》

ひえの山　今朝《けさ》ふる雪を　珍《めず》らしみ
　大宮人《おおみやびと》ぞ　宮集《みやつど》ひせる

※大宮人＝朝廷の公家《くげ》たち

天地《あめつち》と　共《とも》にひらけて　動《うご》きなき
　豊葦原《とよあしはら》の　国ぞ栄《さか》ゆる

※豊葦原の国＝日本

あしはらの　みくにの手振《てぶ》り　いにしへに
　早《は》や吹き返せ　春《はる》の初風《はつかぜ》

※みくにの手振り＝皇国《こうこく》の大道《だいどう》

島津斉彬《しまづなりあきら》生涯の願いは「みくにの手振《てぶ》り」つまり「皇国《こうこく》の大道《だいどう》」に立つ日本の新生であった、徳川家中心・徳川本位の幕府政治を終らせ王政復古《おうせいふっこ》を実現することこそ斉彬《なりあきら》の真《しん》の願望・神願《しんがん》であったのである。

政治家としてこれほど才能豊かな文武《ぶんぶ》の全才《ぜんさい》（万能の人）は稀《まれ》であり、斉彬以上の人物を見い出すことはほとんどできない。政治・軍事・外交・経済・教育等全方面において広く深く確固《かっこ》とした見識《けんしき》と方針を持ち先頭に立って部下を力強く指導した。人格・見識《けんしき》・胆力《たんりょく》・手腕を兼備《けんび》した類《たぐ》い稀な大政治家・大指導者であり、その後の日本に最も必要とされる人物であった。明治維新《めいじいしん》というわが国最大の変《へん》革《かく》を成就《じょうじゅ》する礎《いしずえ》を定めたわが国史《こくし》に不朽《ふきゅう》の名をとどめる大偉人であったのである。

第二話　島津斉彬――明治維新を導いた最大の先覚者

参考文献

『島津斉彬文書』　吉川弘文館　昭和34～44年
『斉彬公史料』　鹿児島県維新史料編さん所　昭和56～59年
『島津斉彬言行録』　市来四郎　岩波文庫　昭和19年
『島津斉彬公遺芳』　照國神社社務所　昭和43年
『仰止録』　阿多澆　私家版　明治25年
『贈従一位島津斉彬公記』　寺師宗徳　村野山人発行　明治41年
『島津斉彬公伝』　中村徳五郎　文章院出版部　昭和10年
『島津斉彬公伝』　鹿児島市役所　昭和10年
『島津斉彬公伝』　池田俊彦　中公文庫　平成6年
『島津斉彬の全容』　鮫島志芽太　斯文堂　昭和60年
『島津斉彬』　芳即正　吉川弘文館　平成5年
『島津斉彬』　綱淵謙錠　ＰＨＰ研究所　平成2年
『先覚者島津斉彬』　満江巌　郷土の偉人顕彰会　昭和33年

『島津斉彬のすべて』　村野守治　新人物往来社　平成元年
『島津斉彬の挑戦』　尚古集成館　春苑堂出版　平成14年
『島津斉彬』　松尾千歳　戒光祥出版　平成29年
ほか

第三話

乃木希典

――救国の国民的英雄

乃木希典

嘉永2年（1849）～大正元年（1912）
長州藩の支藩である長府藩藩士の家に生まれる。陸軍大将従二位・勲一等・功一級・伯爵。第10代学習院院長。「乃木大将」「乃木将軍」などの呼称で呼ばれることも多い。
（乃木神社所蔵）

1、稚龍《ちりゅう》の傷

近代日本の国民的英雄

近代日本の躍進《やくしん》を象徴《しょうちょう》するのが日露戦争《にちろせんそう》の勝利である。それは「白人不敗《はくじんふはい》の神話《しんわ》」を打破《うちやぶ》った奇蹟《きせき》の勝利であり、それまで白人から劣等《れっとう》人種とされ、人間以下」の存在として蔑《さげす》まされてきた非西洋民族中ただ一つの例外であり、近代世界史を根本から変える驚天動地《きょうてんどうち》の歴史であった。

この日露戦争の勝利をもたらす上に最大の貢献《こうけん》をした人物が、明治天皇《めいじてんのう》を別として東郷平八郎《とうごうへいはちろう》と乃木希典《のぎまれすけ》であった。日露戦争《にちろせんそう》には多くの名将《めいしょう》、勇将《ゆうしょう》がむらがり出た。両者のほか大山巖《おおやまいわお》・黒木為楨《くろきためもと》・奥保鞏《おくやすかた》・野津道貫《のづみちつら》・児玉源太郎《こだまげんたろう》・上村彦之丞《かみむらひこのじょう》らは世界的名将であり、当時の欧米列強《おうべいれっきょう》にはこれらに匹敵《ひってき》しうる軍将《ぐんしょう》はほとんどいなかった。これらの名将が一挙《いっきょ》に出現したことを、「千両役者《せんりょうやくしゃ》の揃《そろ》い踏《ぶ》み」といった人がいる。陸軍、海軍ともに日本を圧倒する巨大な戦力を持つ世界的強国ロシアがなぜ敗れたかというと、ロシアの陸海軍にはわが陸海軍の名将に太刀《たち》打《う》ちできる軍将がいなかったからにほかならない。

これら日本陸海軍の諸名将の代表が東郷と乃木であった。第一巻（『日本の偉人物語1』）でのべた通り、東郷平八郎は世界一の海将《かいしょう》として高く仰《あお》がれている。陸軍の諸名将《しょめいしょう》（大山・黒木・奥・野津・児玉ら）の貢献《こうけん》は甲乙《こうおつ》つけ難いが、最大の功績を上げたのが乃木であった。それゆえ乃木は戦後、陸軍の総司令官であった大山巖を凌《しの》ぐ最高殊勲者《さいこうしゅくんしゃ》として、海軍の東郷とともに国民的英雄として全日本人の敬《けい》愛《あい》の的《まと》になったのである。

乃木が国民の圧倒的敬慕《けいぼ》を受けた一つの証拠《しょうこ》をあげるならば、その伝記の数の多さである。わが国人物のうち伝記が最も多いのは西郷隆盛《さいごうたかもり》だが、乃木はそれに次いで約二百種ほどある。大半は昭和《しょうわ》二十年までに出たが、亡くなった大正元《たいしょうがん》年《ねん》から三十数年間毎年数種の乃木伝が出版された。これを見ても乃木の国民的人気の高さがうかがい知られよう。これほど多くの国民に親しまれた人物は、近代では西郷隆盛のほかにいない。東郷平八郎への国民の敬愛は乃木に次いだ。

しかし昭和二十年以後、日本人はかかる国民的英雄を軽視し無視した。その理由は大東亜戦争《だいとうあせんそう》に敗れた結果、わが国がアメリカの占領統治《せんりょうとうち》を受けたからである。アメリカは日本人の精神を弱め大和魂《やまとだましい》を根こそぎにするために、わが国の教育に手をつけて日本の誇りある歴史・伝統・偉人について教えることを禁止したのである。そのような教育がもう七十年以上も続いてきたから、かつての国民的英雄東郷も乃木も学校の歴史教育でほとんど全《まった》く教えられず今日に至った。祖国日本を守り抜いた偉人についてわが国の子供たちが何も知らないということほど悲しくみじめなことはない。私が『日本の偉人物語』を書こうと思った動機《どうき》はここにある。

明治《めいじ》・大正《たいしょう》・昭和《しょうわ》の時代に生きた私たちの父祖《ふそ》たちは、東郷《とうごう》や乃木《のぎ》を心から仰《あお》ぎ敬《うやま》い慕《した》った。ことに二人の息子を日露戦争《にちろせんそう》で失い、明治天皇に殉死《じゅんし》（主君《しゅくん》の死に殉《したが》って後《あと》を追ってともに亡くなること）した乃木《のぎ》に人々は魂を強く打たれて激しく慟哭《どうこく》（泣くこと）した。乃木という人物を除いて近代日本の歴史を語ることは空《むな》しい。乃木希典《のぎまれすけ》という稀有《けう》の偉人の真の姿はいかなるものであったろうか。

「泣人《なきと》」といわれた少年時

乃木希典《のぎまれすけ》は嘉永《かえい》二年（一八四九）十一月十一日、長府毛利藩士《ちょうふもうりはんし》乃木希次《のぎまれつぐ》の三男として江戸藩邸《えどはんてい》に生まれた。幼名《ようめい》は無人《なきと》、後に希典と名乗った。母は壽子《ひさこ》、兄弟は七人、兄二人は幼くして亡くなり、弟と妹が二人ずついた。乃木は十歳まで江戸で育ち、その後長府で成長した。

長府（現下関市）の毛《も》利家《りけ》は、萩の毛利本藩《ほんぱん》の支藩《しはん》で五万石を領《りょう》した。

父の乃木希次は長府毛利藩の名物とまで言われた文武両道《ぶんぶりょうどう》の模範的武士であ

り、藩主《はんしゅ》から深く信任《しんにん》された。希次はやがて本藩の藩主となる毛利元徳《もうりもとのり》の正室《せいしつ》に迎えられる息女銀姫《ぎんひめ》の輔導役《ほどうやく》（教育係）を命じられたが、立派に勤めを果《は》たした。そのあと長府藩主となる毛利元敏《もととし》とその弟で後に支藩の徳山《とくやま》藩主となる毛利元功《もとよし》の輔導役になるが、銀姫の時と同様に尽した。ある時、元敏が食事中にご飯粒《はんつぶ》を落としたが拾おうとしなかった。すると希次は厳然《げんぜん》として言った。

「若殿様、ご飯粒が落ちました。お拾《ひろ》いになり御礼《おんれい》（頭を下げること）になってお召上《めしあが》りなさりませ。一粒《ひとつぶ》のご飯《はん》も百姓《ひゃくしょう》の汗《あせ》でござります」

二人が誤った言動《げんどう》をしたとき、「わかった、私が悪かった」と言うまで、希次は懇々《こんこん》と諫《いさ》め諭《さと》すのを常《つね》とした。希次は二人を決して甘やかさず、やがて士民《しみん》の父母と仰がれる賢明《けんめい》な藩主となる人格を身《み》につけさせる為《ため》に真心《まごころ》を尽して厳しく導いた。二人とも希次を後々までも心から慕った。乃木希次は長府藩きっての忠《ちゅう》誠剛直《せいごうちょく》（忠義《ちゅうぎ》と誠の心が厚く、強く正直なこと）の武士であった。希典《まれすけ》はこうした父の血と精神を受け継いで人となるのである。

しかし乃木の少年時は、武士の手本とされた父とはほど遠かった。まず体が虚《きょ》弱《じゃく》だった。長男と次男は早くに亡くなったが、三男の希典《まれすけ》も生後すぐ病気にかかり、治っても元気に育つかどうかおぼつかなかった。「無人《なきと》」という縁起《えんぎ》の悪い名前をつけたのは、さかさまに名付けるとその逆になるという当時の俗信《ぞくしん》からで、「無人」の反対の健全な子供に育ってほしいという切《せつ》なる願いによるものである。だが無人は幸い死は免《まぬか》れたものの虚弱のままで、朝から晩までよく泣いた。そこで人々はかげで「無人《なきと》」ではなく、「泣人《なきと》」だとささやいた。母の壽子《ひさこ》は無人を背負って浅草観音《あさくさかんのん》に幾度《いくど》もお参りしては、健やかに育つことをひたすら祈った。だが四、五歳をすぎても無人は虚弱のままで、しかも気が弱く神経質で臆病《おくびょう》だった。幼少時の乃木は明《あきら》かに優良児ではなかった。

希次《まれつぐ》は憂慮《ゆうりょ》したが何としても一人前の武士とするために心を砕《くだ》いた。それは元《もと》敏《とし》や元功《もとよし》に対したのと同様である。乃木は体こそ虚弱であったが取柄《とりえ》はあった。それは心根《こころね》がごく優《やさ》しく素直で思いやりが深いところである。親への孝心《こうしん》が厚く弟妹《ていまい》を可愛《かわい》がった。英雄豪傑《えいゆうごうけつ》によくある腕白《わんぱく》少年、餓鬼大将《がきだいしょう》とは正反対で武張《ぶば》った(強く勇ましいさま)ところがなく、友達と喧嘩《けんか》しても泣かされる方が多かったから、ここでも「泣人」であった。

　江戸にいたときの最も忘れがたい思い出は、父に連れられての泉岳寺詣《せんがくじもう》でである。希次《まれつぐ》は赤穂義士《あこうぎし》の大信者《だいしんじゃ》であった。希次らのいた長府藩邸は義士中《ぎしちゅう》の十名が切腹《せっぷく》した場所である。希次は無人が幼少の頃よりたびたび義士の話を聞かせるとともに、毎月三度も無人を連れて泉岳寺に参詣《さんけい》し、義士《ぎし》一人一人の墓に線香《せんこう》を上げて手を合わせた。希次はこうして無人が義士のような立派な武士になることを心より祈願《きがん》した。幼い無人の魂に与えた感化《かんか》は浅くはなかった。武士道の模範とされた赤穂義士たちの忠義《ちゅうぎ》の精神こそ、希次が無人の心の奥底に刻《きざ》みつけた尊い庭訓《ていきん》（家庭の教育）であった。とても一人前になるまいと思われた虚弱児の「泣人《なきと》」だったが、こうした父母の厳格な慈愛《じあい》のもとに、乃木は内に潜《ひそ》むすぐれた素質を徐々《じょじょ》に開花《かいか》させてゆくのである。第一巻（『日本の偉人物語1』）でのべた坂本龍馬《さかもとりょうま》に似《に》たところがある。

　長府《ちょうふ》に移ってからも乃木は怠《おこた》ることなく文武両道《ぶんぶりょうどう》に励んだ。十五歳の時、藩《はん》の集童場《しゅうどうじょう》（青年武士の学校）に入《はい》って学んだが、幼少時の気の弱さ、臆病《おくびょう》はもう遠い昔の話となり、文武《ぶんぶ》ともに最も優秀な一人として教師、友達から見られるようになった。

乃木《のぎ》は十六歳のとき萩《はぎ》に出て玉木文之進《たまきぶんのしん》に学んだ。玉木は吉田松陰《よしだしょういん》を鍛《きた》え上《あ》げた人物である。以後二十歳ごろまで約三、四年間、玉木に徹底的に鍛《きた》えられた。いまだ頑健《がんけん》とはいえない体の乃木に玉木は畑仕事をさせた。約一年後、乃木の体は色黒く筋骨《きんこつ》ひきしまり別人のごとく逞《たくま》しく変身《へんしん》した。こうして乃木は幼少時からの虚弱体質《きょじゃくたいしつ》に別れを告げた。体は細かったが背丈《せたけ》は伸び当時としては長身《ちょうしん》である。玉木は乃木の誠実で純朴《じゅんぼく》な人柄を愛して心をこめて導いた。玉木は最愛の弟子《でし》であった吉田松陰についていつも語り聴かせた。乃木は玉木を通して松《しょう》陰《いん》の人物、精神を学びこれを受け継いだ。乃木は最も得がたい二人の良師に学んだのである。玉木は乃木に松陰直筆《じきひつ》の「士規七則《しきしちそく》」を与えた。乃木は後年こうのべている。

「その教訓、その感化《かんか》は間接とはいえ深く私の骨髄《こつずい》に浸潤《しんじゅん》(しみ通ること)して、幼少よりこの年に至るまで常住坐臥《じょうじゅうざが》(いつも)、常に先生の教訓に背《そむ》かざらんことをつとめている」

乃木はこうして父希次《まれつぐ》、玉木文之進、そして亡き吉田松陰という武士の鑑《かがみ》というべき人物から、この上ない武士道《ぶしどう》の教育を受けて立派な武士として生まれ変ったのである。幼少期から二十歳頃までの教育がいかに大事かがわかる。坂本龍《さかもとりょう》馬《ま》にせよ乃木希典《のぎまれすけ》にせよ、周囲にこのような真《しん》に愛情のこもった厳しい鍛練《たんれん》をしてくれる人がなかったならば、歴史に名を刻《きざ》む偉人に到底《とうてい》なりえなかったであろう。

連隊旗喪失《れんたいきそうしつ》

乃木は慶応《けいおう》二年（一八六六）、十八歳の時、四境戦争《しきょうせんそう》（第二次長州征伐《ちょうしゅうせいばつ》）に出陣《しゅつじん》して、九州小倉《こくら》方面で戦った。ここでの総指揮官が高杉晋作《たかすぎしんさく》だが、高杉は乃木の人物を見込んで部下数十人をもつ一隊の長につけた。乃木は期待に応《こた》えて奮戦《ふんせん》して足に傷を受けた。これが軍人としての第一歩であった。

明治《めいじ》四年、乃木《のぎ》は創設《そうせつ》された日本陸軍に入《はい》り陸軍少佐《しょうさ》に任命された。いまだ二十三歳の乃木がいきなり少佐になったのだから誰もが驚いた。軍人としての能力が高く認められたからそのあと明治八年、小倉《こくら》におかれた熊本鎮台《ちんだい》歩兵第十四連隊の連隊長《れんたいちょう》、心得《こころえ》という要職《ようしょく》に任《にん》ぜられた。この前後の数年間は順調に出世した得意の時代であった。酒にも強くなりよく飲んだ。

乃木の運命が一転したのが明治十年の西南戦争《せいなんせんそう》である。乃木は連隊の将兵約二千名を率《ひき》いて熊本城の近辺《きんぺん》で薩摩軍《さつまぐん》と激しい戦闘をした。この時乃木の人生を支配することになる連隊旗喪失《れんたいきそうしつ》事件が起きるのである。連隊旗手《れんたいきしゅ》である河原林《かわらばやし》雄太少尉《ゆうたしょうい》が薩摩兵士に斬《き》り殺されて身《み》に負《お》っていた連隊旗を奪われたのである。

しかしそのあと第十四連隊は優勢な薩摩軍に抗して数日間よく戦い抜いた。熊本城近辺の戦いにおいて第十四連隊の奮戦は政府軍中もっともすさまじかった。その結果、薩摩軍の勢いが衰えて退却《たいきゃく》して行き、政府軍は追撃戦《ついげきせん》に移った。同年四月、乃木は陸軍中佐《ちゅうさ》になり、熊本鎮台参謀《さんぼう》に任ぜられた。佐官級《さかんきゅう》の部隊長、諸参謀の中で乃木の戦功《せんこう》は随一《ずいいち》であった。乃木は野戦《やせん》の勇将《ゆうしょう》、猛将《もうしょう》としてその統率《とうそつ》ぶりと武勇《ぶゆう》は全軍に鳴り響くのである。連隊旗の喪失は戦闘中におきたやむをえざることとして、その過失《かしつ》をとがめる者は誰もいなかった。

　だが乃木は自分の犯した重大な過《あやま》ちを深く自覚していた。連隊旗は直接明治天《めいじてん》皇《のう》より下賜《かし》されたものであり、それは連隊の神聖《しんせい》なる象徴《しょうちょう》である。それを敵に奪われたのだからこれ以上の恥辱《ちじょく》はない。恥《はじ》を知る武士の心をもつ乃木は、死をもってこの罪を償《つぐな》うしかないと思ったのである。人々が寝静まったある日の夜中、乃木は切腹《せっぷく》を遂《と》げんとしたが、これを押《お》しとどめたのが隣室《りんしつ》にいた親友児玉《こだま》源太郎《げんたろう》である。乃木が今まさに刃《やいば》を腹に突き立てんとしたその時、飛びこんできた児玉はその右手をしっかりおさえて懸命《けんめい》に説得《せっとく》した。児玉は乃木ほどの良将《りょうしょう》を失うことは国軍《こくぐん》の大きな損失《そんしつ》だと思った。児玉ばかりではない。先輩、友人みな同じ思いであった。これほど潔《いさぎよ》い責任感を持ち、人物、才幹《さいかん》（知恵、才能）ともにすぐれた軍人をむざむざ死なせるわけにはゆかぬと思ったのである。乃木は真《しん》に友を思ってやまない児玉の厚い友情に涙して服《ふく》し、即座《そくざ》の自決《じけつ》を思いとどまった。しかし軍旗喪失の責任は後年《こうねん》必ずとるつもりであることを児玉に伝えた。児玉は「その際は必ず自分に告《つ》げてくれ。おれは立会人《たちあいにん》になる」と互いに誓った。乃木《のぎ》はこの時の決意を三十五年後、果《はた》すのである。

乃木は連隊旗《れんたいき》喪失《そうしつ》を一生消えることのない自分の過失《かしつ》、軍人にあるまじき恥《ち》辱《じょく》とし深い責任を感じて以後三十五年を生き続け、この罪を少しでも償《つぐな》うために並々ならぬ努力を重ねた。後年《こうねん》乃木は「自分の体にはひびが入っている」と言っている。消えることのない傷がある、取り返しのつかない過《あやま》ちを犯《おか》したという意味である。しかしこの思いが結局、乃木の類稀《たぐいまれ》な人格を築き上げ、日露戦争《にちろせんそう》という日本民族の生死存亡《そんぼう》を分《わか》つ戦いに最高の働きをなさしめ、乃木を救国《きゅうこく》の英雄たらしめるのである。

日清戦争《にっしんせんそう》における勇戦《ゆうせん》

明治《めいじ》十一年、乃木は東京鎮台《ちんだい》歩兵第一連隊長《れんたいちょう》に任《にん》ぜられた。西南戦争《せいなんせんそう》における活躍著《いちじる》しくこの栄転《えいてん》となった。五年間勤めたが乃木は名連隊長として部下に悦服《えっぷく》(喜んで心服《しんぷく》すること)された。

こんな話が残されている。乃木の親友の一人に後に陸軍軍医総監《ぐんいそうかん》になった石黒《いしぐろ》忠悳《ただのり》がいる。二人は二十代の頃から付き合ったが、ある夏の暑い日の夜九時すぎ石黒は浴衣《ゆかた》の上に袴《はかま》をはいた軽装《けいそう》で乃木の家をたずねた。ところがもうとっくに勤務が終っているのに、乃木は軍服をきちっと着たまま読書をしていた。不思議に思った石黒は、「この暑いのに窮屈《きゅうくつ》ななりをして何か用事でもできたのか」と聞いた。乃木は「いや」と答えた。そのあと少し話をしているとやがてすぐ近くの麻布《あざぶ》にある歩兵第一連隊の兵営《へいえい》から消燈《しょうとう》ラッパの音《おと》が響《ひび》き渡《わた》った。すると乃木は言った。

「石黒君、あのラッパを吹く兵は、浴衣がけでは吹いていないぞ」

石黒はハッとして居《い》ずまいを正す思いがした。二人の長い交遊の中で生涯忘れがたい乃木の一言《ひとこと》であった。常に兵士と苦楽《くらく》をともにすることは、乃木の軍人生活の最初からの覚悟であった。このような連隊長だから部下はことごとく心服したのである。

明治《めいじ》十三年には大佐《たいさ》、十八年には陸軍少将《しょうしょう》に進み、熊本の歩兵第十一旅団長《りょだんちょう》になった。この時ともに少将になった人々に、川上操六《かわかみそうろく》、桂太郎《かつらたろう》、黒木為楨《くろきためもと》、奥《おく》保鞏《やすかた》らがいる。児玉源太郎《こだまげんたろう》はまだ大佐で少将になるのはもう少し後である。児玉を含めた乃木、川上、桂、黒木、奥のこの六人が次代の日本陸軍の双肩《そうけん》を担《にな》う最優秀の人材と見られたのである。川上は後に参謀次長《さんぼうじちょう》から参謀総長《さんぼうそうちょう》、桂は陸軍次官から陸軍大臣、そして首相になる。黒木と奥は日露《にちろ》戦争を代表する名将《めいしょう》である。これらの少将中、乃木は三十七歳で最年少だったが、川上、桂、黒木、奥に優るとも劣らぬ有力な軍将《ぐんしょう》として、山県有朋《やまがたありとも》や大山巖《おおやまいわお》ら陸軍首脳《しゅのう》から高く評価されたのである。

明治二十年、乃木《のぎ》は川上操六とともにドイツに派遣《はけん》されて約一年間、ロシアとともに世界最強をうたわれたドイツ陸軍に学んだ。この時乃木はドイツ語の勉強もした。ドイツ及びドイツ陸軍から多くのことを学んだ乃木は、帰国後さらに自己研鑽《けんさん》に励んだ。参禅《さんぜん》(坐禅すること)につとめるのもこの頃からである。

明治二十二年、乃木は近衛歩兵《このえほへい》第二旅団長《りょだんちょう》に任ぜられた。近衛旅団長は天皇に親近《しんきん》する最も名誉ある軍職《ぐんしょく》である。ところが翌年、名古屋の歩兵第五旅団長に移された。近衛旅団長をつとめたならそのあとは師団長《しだんちょう》に進むのが普通である。乃木はドイツ留学後、陸軍改革の為《ため》の意見書を陸軍省に出したが、それが陸軍首脳《しゅのう》の容《い》れるところとならず、煙たがられ名古屋に左遷《させん》されたのである。ここから乃木の人生がまた一転した。明治二十四年、川上と桂は陸軍中将《ちゅうじょう》に進み、桂は名古屋の第三師団長となり乃木の上司《じょうし》としてやってくるのである。乃木は川上や桂よりも早く中佐《ちゅうさ》になり同時に少将になったのに、今度は二人に追い越されて、本来なら同時に中将になり師団長になるべきなのに、足踏《あしぶ》みさせられるのである。

乃木は意見書を無視され、またこのような人事を行う陸軍省のやり方に憤怒《ふんぬ》を覚え、当時対立していた桂の部下であることに耐えられず辞表《じひょう》を出し、その後一年休職した。陸軍中央部と衝突《しょうとつ》した乃木を一部の人は頑固《がんこ》、偏屈《へんくつ》の変人扱《へんじんあつか》いしたが、乃木としてはあくまで陸軍をより正しいものにしたいとの一心《いっしん》であった。乃木は栃木県那須《なす》の別荘にひきこもり晴耕雨読《せいこううどく》の生活を送った。

ところが軍人としての乃木の人物を深く認めこの得《え》がたい人材を失うことを惜《お》しんだのが、第一師団長《しだんちょう》の山地元治《やまじもとはる》である。山地は旧土佐《とさ》藩出身で陸軍中最も武名《ぶめい》高き一人であり、片目であったから「独眼龍将軍《どくがんりゅうしょうぐん》」とも鬼将軍《おにしょうぐん》ともいわれた。薩長《さっちょう》出身者が全盛《ぜんせい》を極《きわ》める陸軍において第一師団長をつとめたということが、何より山地の軍人としての実力を示している。山地と乃木《のぎ》は熊本で第六師団長、歩兵第十一旅団長としてつき合い互いにその人物を認め合った。古武士的《こぶしてき》風格《ふうかく》をもつ二人はよく似《に》ていた。その山地が陸軍の最高実力者である山県に直談判《じかだんぱん》をした。乃木は山県に嫌われてこの逆境《ぎゃっきょう》にいたのである。山地は山県に「乃木ほどの人物を野《の》にさらしておくのは愚《ぐ》の至《いた》り、あなたに異存《いぞん》がなければ第一師団長たる自分が乃木を預りたい。他の者の下につく乃木ではないが、自分とは従来《じゅうらい》の関係から折合《おりあい》もつこう」と説得した。

こうして明治《めいじ》二十五年暮、乃木は山地のもとで歩兵第一旅団長となった。本来ならもっと早くに師団長になるべきところを、四たび旅団長になるのである。

明治二十七年七月、朝鮮問題からついに日清戦争《にっしんせんそう》が開始された。陸軍はまず第一軍を編成《へんせい》して、これに第三・第五師団が属した。続いて第二軍が第一・第六師団をもって編成された。乃木は山地第一師団長とともに勇躍出陣《ゆうやくしゅつじん》した。時に四十六歳。第一師団は遼東半島《りょうとうはんとう》に上陸後、金州《きんしゅう》、大連《だいれん》、旅順《りょじゅん》、蓋平《がいへい》、太平山《たいへいざん》、営口《えいこう》、田庄台《でんしょうだい》と各地を転戦《てんせん》、勇戦敢闘《ゆうせんかんとう》した。ことに乃木の率《ひき》いる歩兵第一旅団の奮戦《ふんせん》は目覚《めざ》ましく、乃木は野戦《やせん》の勇将《ゆうしょう》、猛将《もうしょう》としてその面目《めんもく》を遺憾《いかん》なく発揮《はっき》した。山地第一師団長と乃木第一旅団長という陸軍きっての二勇将の組合せは申し分がなかった。山地は日清戦争中の乃木についてこう評している。

「乃木は高潔《こうけつ》（人柄が気高く清らかなこと）と勁勇《けいゆう》（強く勇ましいこと）の権化《ごんげ》（神仏が人の姿となってこの世に現われたもの）である」

乃木の本領《ほんりょう》は部隊の統率者《とうそつしゃ》として実戦において最もよく発揮された。乃木は日清戦争終了直前、陸軍中将《ちゅうじょう》に進み第二師団長に任ぜられた。乃木の人物と手腕そしてこの戦争における大功《たいこう》よりして当然の任命であった。戦争直後、第二師団はわが領土となった台湾における反乱を鎮定《ちんてい》して明治二十九年、乃木は第二師団の駐屯地《ちゅうとんち》仙台《せんだい》に凱旋《がいせん》（戦いに勝って帰ること）した。

2、日露《にちろ》両国の運命を決した旅順戦《りょじゅんせん》

日露戦争《にちろせんそう》——日本軍が眼中《がんちゅう》になかったロシア軍

明治《めいじ》二十九年、乃木《のぎ》は第二師団長《しだんちょう》から台湾総督《たいわんそうとく》に転《てん》じた。しかし事情により翌年辞任、明治三十一年新設《しんせつ》された第十一師団長に任命された。この師団は四国四県の健児《けんじ》からなり、善通寺《ぜんつうじ》に師団司令部がおかれた。乃木は約二年半、心血《しんけつ》を注《そそ》いで精強《せいきょう》な部隊を作り上げ、第十一師団は全国の模範《もはん》師団とうたわれるまでになった。この師団はやがて旅順戦で乃木の指揮下《しきか》において大活躍する。

日露戦争がなぜ起きたかについては、東郷平八郎《とうごうへいはちろう》（『日本の偉人物語1』）と小村《こむら》壽太郎《じゅたろう》（『日本の偉人物語3』）のところでのべた。本来ならばありえない戦いであり、万が一起きたとしても日本が勝利することは絶対不可能と世界から思われた戦いであった。ロシアは世界一の陸軍国でありその兵力は日本陸軍の十倍以上もあった。これを相撲《すもう》に例えると分かりやすいが、ロシアは横綱、日本は大関《おおぜき》でも関脇《せきわけ》でも小結《こむすび》でもない。いや前頭《まえがしら》ですらなかった。一人前の関取《せきとり》とは見られず、半人前扱いであった。つまり大人と子供の戦いであった。欧米《おうべい》では「豪胆《ごうたん》な子供が力の強い巨人に飛びかかった」と評した。駐日ロシア公使館の一武官《ぶかん》は開戦前、「日本軍は欧州《おうしゅう》のたとえ最弱小国に太刀打《たちう》ちできるようになるまでには、数十年おそらく百年かかるであろう」と全《まった》く馬鹿にしていた。ロシア陸軍にとり日本陸軍は眼中《がんちゅう》になく問題外であり、三国干渉《さんごくかんしょう》の時のように恫喝《どうかつ》して屈服《くっぷく》させる相手であっても、決して対等に戦うべき敵国ではなかったのである。しかし、日本は世界に比類《ひるい》なき歴史と伝統を有する国家としてその独立と民族の生存の為《ため》に、決然として大敵ロシアに対し立ち上がったのである。後世《こうせい》の私たちは先人達のこの一大決断と一大勇気を心から讃《たた》えなければならない。もし戦わなかったならば、日本は必ずや居《い》ながらにして亡国《ぼうこく》の運命を避けられなかったであろう。これほどの勇武《ゆうぶ》の民族はほかにない。

日本陸軍を率《ひき》いた首脳《しゅのう》は、参謀総長《さんぼうそうちょう》が山県有朋《やまがたありとも》、満洲軍総司令官《まんしゅうぐんそうしれいかん》が大山巖《おおやまいわお》である。大山総司令官のもとに第一軍・黒木為楨《くろきためもと》、第二軍・奥保鞏《おくやすかた》、第三軍・乃木《のぎ》希典《まれすけ》、第四軍・野津道貫《のづみつつら》の四軍司令官がいた。大山並びに黒木・奥・乃木《のぎ》・野津の五将帥《しょうすい》こそ、日本陸軍が世界に誇るべき名将《めいしょう》であった。なお児玉源太郎《こだまげんたろう》はこの五人に次ぐ名将として満洲軍総参謀長となり大山を補佐《ほさ》した。

乃木の率いる第三軍が攻めたのが旅順《りょじゅん》の要塞《ようさい》である。旅順戦（旅順攻囲戦《こういせん》ともいう）は明治《めいじ》三十七年夏から三十八年一月まで約五ヵ月間続いたが、日露戦争《にちろせんそう》中、最大の激戦、苦戦、難戦《なんせん》となった。かつて日本人はみな日露戦争といえば、日本海海戦とともに旅順戦を思い浮かべ、旅順をついに落した乃木と第三軍将兵の苦戦難戦を思いやり、明治日本の血と涙の栄光の歴史をしみじみと顧《かえり》みたのである。

ロシアは旅順に世界一といわれる難攻不落《なんこうふらく》の近代的要塞《ようさい》を築いていた。旅順はロシア太平洋艦隊の基地でもあった。その旅順軍港を取り囲む百数十メートル前後の多くの小山に無数の要塞と砲台を二重三重に並べ立て、大砲の数は六百数十門、兵力は約四万八千人もいた。ロシア軍総司令官である前陸軍大臣クロパトキンは、「いかなる敵を引受《ひきう》けても断じて三年は持ちこたえることはできる」と言った鉄壁《てっぺき》の防備を誇る要塞であったのである。

ところがわが参謀本部《さんぼうほんぶ》は旅順要塞の実体《じったい》がつかめず敵の戦力を軽視し誤断《ごだん》してしまうのである。参謀次長であった児玉源太郎は要塞の兵力を約一万五千、大砲二百門と推定《すいてい》した。敵の戦力を三分の一以下に見誤《みあやま》るのである。結局この参謀本部の敵戦力の大誤断、旅順要塞の軽視が乃木を苦しめ第三軍を大難戦におとしいれるのである。開戦当初、旅順戦が長期に及ぶ難戦になると思った者はいなかった。主戦場は満洲の東清鉄道支線《とうしんてつどうしせん》の主要地《しゅようち》であったから、旅順要塞は全《まった》く重要視されなかった。旅順戦が最大の激戦となり、日露両国の運命を決する戦いになるとは誰一人予想できなかったのである。

総攻撃の失敗

第三軍は当初第一（東京）・第九（金沢）・第十一（善通寺）の三個師団を基幹《きかん》とする約五万の兵力と大砲三百数十門をもって編成《へんせい》され、後に第七師団（旭川）が加えられた。第三軍は六月上旬遼東半島《りょうとうはんとう》に上陸した。この時、乃木《のぎ》は陸軍大将《たいしょう》になった。第三軍は六月下旬より旅順要塞《りょじゅんようさい》の前進陣地《じんち》の攻撃を開始、七月末までに全て占領した。

旅順要塞への総攻撃は八月十九日に開始された。第三軍は兵力・火力ともに敵を圧倒しているから、約一週間ほどで敵を打ち倒し要塞を占領《せんりょう》できると思った。しかしそれは全くの誤算で敵兵力は四万八千、大砲は六百門以上もある。陸上の戦いにおいて要塞を攻め落とす為《ため》には、攻撃側は守る側の最低三倍の兵力が必要とされる。参謀本部は敵兵力を一万五千名と想定《そうてい》したから、第三軍に三倍以上の五万名の兵力と敵を大きく上回る大砲を与えたのである。しかし実際には十四万名以上の兵力と六百門以上の大砲が必要だったのである。第三軍は全く話にならない過小《かしょう》な戦力で戦ったのだ。

旅順要塞の防備《ぼうび》は想像を絶する堅固《けんご》さであった。それを代表するのが東鶏冠山北堡塁《ひがしけいかんざんきたほうるい》である。百数十メートルの頂上に四角い形で作られ、一辺が百メートルから七〇メートル。この堡塁(砦《とりで》)の壁を厚さ二メートルのコンクリートで固めている。堡塁の周囲には幅十二メートルから六メートルの壕(空堀《ごうからぼり》)が掘られていた。壕内《ごうない》の側壁《そくへき》には機関銃《きかんじゅう》、軽砲《けいほう》が備えられ、敵兵が壕を渡り堡塁内に突入《とつにゅう》しようとする時薙《な》ぎ倒せるような仕掛《しか》けになっていた。堡塁中には大砲が十七門備えられていた。近代の科学技術と築城《ちくじょう》術の粋《すい》を尽した恐るべき防備と強大な戦力を備えた要塞であり、この一個の堡塁だけで敵一個師団に対抗しうる戦力をもっていたのである。旅順要塞はこのような堡塁とこれよりやや防御《ぼうぎょ》の劣る砲台が幾十となく二重三重にも築かれた強力無比《むひ》の要塞であったが、日本軍は旅順要塞の実情《じつじょう》を何ひとつ知らなかったのである。

総攻撃はまず砲撃《ほうげき》から始まった。二日間、二百余門の大砲は朝から晩まで敵堡塁に弾丸《だんがん》を注《そそ》ぎこんだ。乃木《のぎ》は堡塁《ほうるい》に十分打撃を与えたと見て、三日目、歩兵部隊に攻撃を命じた。部隊は麓《ふもと》から小山を駆《か》け上《あ》がり、山上の堡塁に突入《とつにゅう》するのである。

ところが二日間の猛烈な砲撃を受けたにもかかわらず堡塁の被害は少なく、堡塁内の敵兵はほとんど無傷であった。第三軍の最も強力な攻城砲《こうじょうほう》の弾丸は二メートルのコンクリートの強壁《きょうへき》にはじき返された。ようやく壕内《ごうない》に飛びこんだ将《しょう》兵《へい》たちは機関銃により薙《な》ぎ倒された。しかし第三軍はいかに困難を極《きわ》めようともこの総攻撃において一気に要塞《ようさい》を陥落《かんらく》させる決意であったから、以後四日間必死の攻撃を繰返《くりかえ》した。

八月二十二日、第九師団は二つの堡塁の占領に成功した。しかし二十四日、第三軍の砲弾《ほうだん》が底をついた。砲兵《ほうへい》の援護射撃《えんごしゃげき》なしには歩兵《ほへい》の攻撃は絶対できない。乃木は無念の涙を呑《の》んでその日やむなく総攻撃を中止した。日露《にちろ》戦争中、日本軍が最も苦しんだのは砲弾不足である。「砲弾不足」が日露戦争の代名詞と言われた。砲弾を最も多く必要とするのは要塞戦だが、第三軍はその肝腎要《かんじんかなめ》の砲弾不足に泣いたのである。

兵力は絶対的に必要とする三分の一、砲弾量は一週間分しかなく、しかも要塞の鉄壁を打ち砕《くだ》く威力《いりょく》もない。この戦力ではいかなる名将《めいしょう》でも惨敗《ざんぱい》以外にあり得なかったのである。総攻撃は約一万六千名の損害を出して失敗した。第九・第十一師団の損害は過半数に達した。この総攻撃失敗の責任をもし問うとするならば、責任は乃木及び第三軍司令部にあるのではなく、敵戦力を三分の一以下に見て旅順《りょじゅん》を軽視し第三軍に過小の戦力しか与えなかった参謀本部《さんぼうほんぶ》にある。しかし戦争には誤算がつきものである。互いに誤算、誤断《ごだん》する。誤算の少《すく》ない方が勝つというが、日本は大誤算したのだから本来なら旅順戦は必敗《ひっぱい》するしかなかった。もし旅順戦に負けていたなら、日露戦争の勝利は絶対にあり得なかった。

しかし敗北とはいえ第三軍は二堡塁を奪取《だっしゅ》しえたので、始めて堡塁の構造《こうぞう》がわかった。口径《こうけい》一五センチの攻城砲が二メートルのコンクリートの壁を打ち砕くことができないことも、壕《ごう》の側壁《そくへき》の機関銃のこともわかった。そこで乃木は第二回総攻撃のとき攻撃法を変えた。第一回の総攻撃は強襲法《きょうしゅうほう》が用いられたが、余《あま》りにも損害が多すぎるのでこれをやめて正攻法《せいこうほう》によることにした。これは頂上の堡《ほう》塁《るい》のすぐ手前まで壕《ごう》を掘り上《あ》げてゆき、そこに突撃拠点《とつげききょてん》をおいて攻《せ》めるやり方である。そうすれば損害を少《すく》なくすることができる。しかし工事に長い日数がかかるから多くの幹部が反対した。だが乃木《のぎ》は断然《だんぜん》これを採用した。また堡塁破壊の為《ため》、二十八センチ榴弾砲《りゅうだんほう》十八門を内地《ないち》から取り寄せた。

十月二十六日、第三軍は第二回総攻撃を行った。まず二十八センチ榴弾砲十八門が一斉《いっせい》に火を吹いた。砲撃は四日間続き、二十八センチ砲の威力は絶大だと思われた。三十日、今度こそ成功を期して歩兵部隊が堡塁直前の突撃陣地から攻撃した。しかし二十八センチ砲の猛撃《もうげき》にもかかわらず、敵堡塁は依然として堅固《けんご》さを保った。二十八センチ砲の威力をもってしても破壊できなかったのである。歩兵部隊は決死の突撃を繰返《くりかえ》したが、三十一日またもや砲弾が欠乏してきた。このまま攻撃を続けても損害が増すばかりである。乃木は同日やむなく攻撃を中止した。この戦闘に参加した日本軍は四万四千名、うち死傷者は三千八百である。またもや砲弾不足で第二回総攻撃も失敗に終った。しかしこの時も二堡塁を占領、損害率《そんがいりつ》は九パーセントと低下した。第二回総攻撃ではロシア側の損害が四千五百名と日本軍を上回った。正攻法にかえた効果が明《あきら》かに出てきた。またこれほどの苦戦を強《し》いられ莫大《ばくだい》な死傷者を出したのにもかかわらず、第三軍将兵の士気《しき》と闘《とう》志《し》は少しも低下せず、乃木の指揮のもと衆心一致《しゅうしんいっち》して最後まで戦い抜くのである。

「乃木を代《か》えたら乃木は生きておらぬぞ」
――明治天皇のご信任と静子夫人の祈り

しかし第三軍の苦難に満ちた戦闘の実情《じつじょう》は一般の日本国民には分りようがなかったから、二回の総攻撃の失敗と厖大《ぼうだい》な死傷者の続出に国民の不満は高まった。第三軍以外の各軍は世界一のロシア陸軍に一度も負けず連戦連勝しているのに、第三軍だけがもたついて下手《へた》な戦《いくさ》をしていると思われたのである。第二回総攻撃が失敗したあと、乃木と第三軍に対する国民の批判が噴出《ふんしゅつ》、乃木の手もとには二千四百通もの手紙が殺到《さっとう》し、「責任を取り直ちに辞職せよ」「腹を切れ」とまで非難、罵倒《ばとう》した。

批判は一般国民だけではなく陸軍内部においても強まり、参謀総長山県有朋《やまがたありとも》はついに乃木交代《のぎこうたい》を決意して明治天皇《めいじてんのう》にお伺《うかが》いを立てた。任免権《にんめんけん》は天皇にあった。

すると天皇は、

「乃木を代《か》えたら、乃木は生きておらぬぞ」

とただ一言仰《おお》せられた。明治天皇は旅順戦《りょじゅんせん》がいかに困難な戦いであるかを誰よりも理解されていた。天皇は陸軍の大将、中将《ちゅうじょう》の中で乃木の人物と手腕を最も高く認められていた。その乃木がこれほどの苦戦をするのだから、他のいかなる者が代《かわ》ってもこれ以上の戦いは出来《でき》ない。いや失敗する。第三軍将兵は乃木のもとに一致団結、二回の総攻撃に敗北して多くの死傷者を出したのにもかかわらず士気《しき》を堅持《けんじ》している。普通これほどの失敗をすると部下の闘志は激減、再び立上《たちあ》がる気力を失う。ところが第三軍はそうならなかった世界に稀《まれ》な恐るべき軍隊であった。

なぜこれがありえたのか。そこに軍司令官としての乃木の卓越《たくえつ》した統率力《とうそつりょく》と人格の力があったからである。旅順戦《りょじゅんせん》はいかなる名将《めいしょう》でも手の打ち所のない悪条件が積み重なった惨敗《ざんぱい》以外にあり得《え》ぬ最も困難な闘いであった。乃木だからこそあらゆる艱難辛苦《かんなんしんく》に耐《た》えて戦っている。乃木以外の者にはとうていやれない。この難戦《なんせん》を担《にな》い旅順を陥落できるのは乃木しかいない。もし乃木を代えたら乃木は多くの部下を死なせた責任を取り必ず割腹自決《かっぷくじけつ》するぞ。乃木のような二人とない良将《りょうしょう》、名将を殺してよいのかと言いたかったのである。明治天皇は陸軍を取り仕切《しき》っている実力者山県《やまがた》が不可《ふか》とした乃木を、誰よりも信頼し信任されたのである。人物を見抜く神のごとき鑑識眼《かんしきがん》の持主であり、乃木交代を拒否《きょひ》されたことは神業《かみわざ》と言ってよかった。明治天皇は真《しん》に偉大であった。日露戦争《にちろせんそう》の最も重大な局面《きょくめん》がここであった。乃木は明治天皇のこの限りないご信頼、ご信任に心から感泣感奮《かんきゅうかんぷん》し一死《いっし》を以《もっ》て必ず旅順を落すことを誓うのである。

このとき明治天皇を別として、軍内外の乃木非難に最も心を傷《いた》めたのは夫人の静子《しずこ》である。第三回総攻撃がまもなく始まる十一月十七日朝のことである。静子は自邸二階の窓を開けた時、ちょうど門前に立ち止《どま》った一軍人が静子《しずこ》をにらみつけてどなりつけた。

「乃木《のぎ》のノロマめ、何をまごついているか。我々が兵隊をつくってやれば端《はな》から殺してしまう。それで自分は武士であるとか侍《さむらい》だとか傲語《ごうご》（おごりたかぶった言葉）しながら、今に生存しているではないか。もし真《しん》の武士であるなら、我々に申訳《もうしわけ》のために潔《いさぎよ》く切腹《せっぷく》するがよい。もし腹を切るのが痛ければせめて辞職するのが当然だ。一体家族どもは何を愚図愚図《ぐずぐず》しているかい。少しは考えてみるがよい」

聞くに耐えがたい罵倒《ばとう》であった。静子はその日部屋にうずくまり何も食べず、一体どうしたらよいのかと煩悶《はんもん》した。夕方、静子は汽車に乗り東海道を下《くだ》り翌朝、宇治山田《うじやまだ》についた。旅館で水を何杯もかぶり身《み》を清めた後、伊勢神宮社前《いせじんぐうしゃぜん》に額《ぬか》ずき必死の祈りを捧《ささ》げた。自分の力ではもうどうすることも出来《でき》なかった。「神威《しんい》をもって旅順《りょじゅん》を陥落《かんらく》させ給《たま》え」という祈りである。何十分かたつと静子の耳に涼《すず》しい声が聞こえた。

「汝《なんじ》の願望《がんぼう》はかなえてやるが、最愛の二子《にし》は取り上げるぞ」

旅順《りょじゅん》は落してやるが二人の息子（ともに軍人）は戦死させるぞという声である。

静子はすぐに、

「二子《にし》のみでなく私ども夫婦の命も差上《さしあ》げます。どうぞ旅順だけはとらせて下さいませ」

と哀願《あいがん》した。長男の勝典《かつすけ》中尉《ちゅうい》は南山《なんざん》の戦いですでに戦死していた。次男の保典《やすすけ》はこのあと二〇三高地の戦いで亡くなる。乃木家は子供二人しかなくこれで跡取《あとと》りがいなくなる。保典が戦死した時、乃木と親しかった寺内《てらうち》陸軍大臣が報告かたがた夫人を慰《なぐさ》めるために乃木邸を訪れた。すると静子は、

「よく死んでくれました。これで世間の母人方《ははびとがた》に申訳《もうしわけ》が立ちます」

と毅然《きぜん》として答えた。主人は多くの部下を死なせている。部下の父母に申訳が立たない。せめてわが子を死なせることが、世間の母親への万分の一の申訳と言いたかったのである。乃木は保典の死を聞いたときこう言った。

「よく戦死してくれた。これで世間に申訳がたつ。よく死んでくれた」

後に静子はこう語った。

「私の心願《しんがん》が神明《しんめい》（神のこと）に通じ、かしこくも天照大御神様《あまてらすおおみかみ》がまさしく御神託《ごしんたく》（神のお告げ）を授《さず》け給《たも》うたものと確信します」

乃木《のぎ》は出陣《しゅつじん》するとき、「棺桶《かんおけ》が三つ揃《そろ》うまで葬式を出すな」と言った。乃木のこの鉄石《てっせき》の闘志《とうし》と静子の必死の祈りがついに旅順《りょじゅん》の陥落《かんらく》を導くことになるのである。

二〇三高地《こうち》の死闘《しとう》

十一月二十六日、第三回総攻撃が開始された。旅順要塞《ようさい》の中核部《ちゅうかくぶ》は東北側の三大永久堡塁《ほうるい》であったから、第三軍は第一回目よりここを攻め続けた。これを落さない限り要塞の占領は出来《でき》ないからである。日本軍の猛攻《もうこう》にロシア軍も必死に抵抗した。ロシア軍はことに防御《ぼうぎょ》にかけては恐るべき粘《ねば》り強さを見せた。乃木は二十七日、東北方面の攻撃を中止し、西北にある二〇三高地を攻撃する命令を下《くだ》した。二〇三高地の攻撃は海軍の要請《ようせい》に応《こた》えたものである。

　東郷平八郎《とうごうへいはちろう》の率《ひき》いる連合艦隊は八月、黄海海戦《こうかいかいせん》でロシア太平洋艦隊を撃破《げきは》したが、残存《ざんぞん》艦艇が旅順港に逃げ帰った。しかし彼らは港外に出て戦おうとしなかった。そこで海軍は第三軍に二〇三高地の奪取《だっしゅ》を要請した。ここを占領して二〇三メートルの山頂《さんちょう》に観測所《かんそくじょ》をおけば、陸上からの砲撃で港内の残存艦艇を撃ち沈めることができるからである。

　こうして十一月二十七日から十二月五日まで二〇三高地の激戦が続いた。この攻撃を担《にな》ったのは始め第一師団、やがて第七師団が加わった。両軍の戦いは激烈《げきれつ》を極《きわ》めた。取って取り返さ

日露戦争出征時の乃木勝典、保典兄弟（乃木神社所蔵）

れる繰返《くりかえ》しであった。十一月三十日、第三軍は山頂東北部を占領したが、ロシア軍は増援隊を出して逆襲、日本軍を山頂から後退させた。三十日までの戦況《せんきょう》をまとめれば、日露《にちろ》両軍が多大の犠牲を払いつつ死力を尽して戦い、互いに一歩も引かず、にらみ合っている状態であった。しかし十二月五日、第三軍は最後の攻撃をかけて二〇三高地《こうち》を完全に占領した。ロシア軍は力尽き抗戦《こうせん》を断念《だんねん》して退《たい》却《きゃく》した。そのあと二〇三高地に観測所《かんそくじょ》が設置され、陸上からの砲撃により旅順港内の残存艦艇《ざんぞんかんてい》は撃沈《げきちん》され、ロシア太平洋艦隊は全滅した。二〇三高地を攻め落した第七師団は約七千名もの死傷者を出した。

乃木《のぎ》の次男保典《やすすけ》少尉が戦死したのは十一月三十日である。保典が戦死したとき、司令部にいた乃木は椅子《いす》によりかかり眠るともなく起きるともなくうつらうつらしていた。すると突然前線にいる保典が現《あらわ》れたのである。それは保典の幻《まぼろし》であったが、乃木は思わず、「私情《しじょう》に駆《か》られてわが陣中《じんちゅう》に来るとはもってのほかの行為だ。今日《こんにち》の何《なん》の時と心得《こころえ》るぞ。この国家存亡の分《わか》るる時、暫時《ざんじ》なりとも陣《じん》地《ち》を離るるとは何という不心得者《ふこころえもの》ぞ。一時《いちじ》もすみやかに立ち帰るべし」と大喝《だいかつ》

（大きな声で叱ること）した。保典は悄然《しょうぜん》として（うなだれて）立ち去った。翌日、乃木は部下より保典戦死の報告を受けた。日時を聞くと昨日保典が目の前に現われた時刻と寸分《すんぶん》変らなかった。保典の魂は父のもとに飛んで姿を現わし、最後の別れを告げたのである。最晩年のある日、陸軍大将たちの会合があり話題が幽霊の有無《うむ》に及んだとき、乃木はこれを話した。旅順戦《りょじゅんせん》に身命《しんめい》を捧《ささ》げた乃木父子《ふし》の哀《あい》話《わ》である。

旅順陥落《りょじゅんかんらく》――世界を震撼《しんかん》・驚嘆させた乃木と部下の「人間以上の剛勇《ごうゆう》」

二〇三高地を落したとはいえ、旅順要塞《りょじゅんようさい》は少しも揺《ゆ》らぐことはなかった。東北方面の中核部《ちゅうかくぶ》が健在《けんざい》な限り、旅順はなお鉄壁の堅城《けんじょう》であった。ロシア軍は二〇三高地を奪われかなりの犠牲を払ったものの、そのまま降伏する気持は少しもなかった。砲弾《ほうだん》も食料もまだ十分残っていた。

第三軍は要塞中核部である東北方面の三大永久堡塁《ほうるい》への攻撃を再開した。

二十八センチ砲でも容易に崩《くず》すことの出来《でき》なかった堡塁《ほうるい》に対して、今度は新たな戦法がとられた。それは堡塁《ほうるい》の真下《ました》まで地下道を掘り、多量の爆薬をもって堡塁を爆破するやり方である。

第三軍は二十八センチ砲を連日打ち放ちつつ地下道掘進《くっしん》作業に全力を上げた。作業は順調に進んだ。十二月十八日、東鶏冠山北堡塁《ひがしけいかんざんきたほうるい》の真下で二千キロ以上の爆薬が大爆発した。堡塁正面のコンクリートの強壁《きょうへき》は一瞬で粉砕《ふんさい》された。第十一師団の将兵《しょうへい》は一斉《いっせい》に突進《とっしん》した。堡塁内の生き残ったロシア守備兵はしぶとく抗戦した。しかし十時間の激闘《げきとう》の末、同日午後十二時、旅順要塞《りょじゅんようさい》中最強の防備を誇った東鶏冠山北堡塁は遂《つい》に陥落《かんらく》した。これを落したのは乃木《のぎ》が手塩《てしお》にかけて育て上げた四国の第十一師団であった。死傷者は八百五十名である。

続いて十二月二十八日、三大永久堡塁の二つ目、二龍山《にりゅうざん》堡塁への攻撃が同様の地下道作戦で行われた。第九師団が突撃したが、十七時間の激闘の末、翌日同堡塁を落した。第九師団の死傷者は第十一師団を上回る約千二百名であった。旅順戦において第一・第七・第九・第十一の四師団はいずれ劣らぬ奮戦敢闘《ふんせんかんとう》に努めたが、中でも北陸三県の健児《けんじ》よりなる第九師団の奮闘《ふんとう》は特筆に値《あたい》する働きであり、同師団歩兵第六旅団長一戸兵衛少将《いちのへひょうえしょうしょう》は旅順戦きっての勇将《ゆうしょう》としてその名は全軍に鳴り響いた。一戸は乃木を軍人の鑑《かがみ》として最も尊敬した人である。

十二月三十一日、第三軍は三つ目の松樹山《しょうじゅざん》堡塁を攻撃した。爆破後、第一師団が突入したが、わずか三十分で占領、死傷者は百八十余名にとどまった。こうしてようやく三大永久堡塁を落した。しかしまだもう一つの難関《なんかん》を越えなければならず、旅順陥落《りょじゅんかんらく》は少《すく》なくともあと一ヵ月はかかると誰もが思った。その難関とは東北方面の最高地点一八五メートルの望台《ぼうだい》という陣地《じんち》である。ここを取れば旅順要塞の死命《しめい》を制《せい》することができるのである。東北方面にはまだ多くの堡塁、砲台があったから、乃木は一つ一つ落してから望台を攻撃しようとした。

ところが明治《めいじ》三十八年一月一日早朝、意気上《あが》る第九・第十一師団の一部の将兵が独断で望台への攻撃を開始した。そこで乃木は両師団に正式に望台攻撃を命じた。ロシア軍はしばらく抗戦《こうせん》したが、午後三時半両師団は望台を占領した。ロシア軍は三大永久堡塁を取られても尚《なお》抗戦の覚悟だったが、望台を奪取《だっしゅ》されたならば旅順の運命は尽きるときと観念していたから、旅順要塞の主将《しゅしょう》ステッセル中《ちゅう》将《じょう》は望台陥落直後降伏を決意し、その日直《ただ》ちに降伏を申し入れ、一月二日ついに旅順《りょじゅん》は落城《らくじょう》したのである。

旅順戦において日本軍は全部で約十三万名の兵力を投入《とうにゅう》した。そのうち戦死約一万五千、負傷者約四万五千、合計約六万名である。損害が約半数に及ぶ甚大《じんだい》な犠牲《ぎせい》を払った一大難戦《いちだいなんせん》であった、ロシア軍は四万八千名の兵力のうち死傷者、病者は半数を超えた。ロシア軍もいかに大きな犠牲を払って要塞死守《ようさいししゅ》に努めたかわかる。ロシア軍は決して簡単に降伏したのではなく、粘《ねば》りに粘ってぎりぎりまで戦った恐るべき難敵《なんてき》であったのである。

乃木《のぎ》と第三軍は、参謀本部の旅順軽視、近代的要塞戦についての認識《にんしき》及び準備の欠如《けつじょ》、兵力と砲弾《ほうだん》の決定的不足、時間的制約《せいやく》(短期間で旅順を陥すべしとの命令)等これ以上はない悪条件の中で、本来ならば惨敗《ざんぱい》以外にあり得ない戦いにおいてあらゆる艱難辛苦《かんなんしんく》を乗り越えて約五ヵ月で旅順を陥落《かんらく》させたのである。それは「千番に一番」いや「万番《まんばん》に一番」の奇蹟《きせき》的勝利であった。

旅順戦は要塞戦としてかつてない困難を極《きわ》めた戦いであった。第十一師団の勇士桜井《さくらい》忠温《ただよし》中尉はこの戦いで九死に一生を得た人物だが、「旅順戦は古今《ここん》の最惨《さいさん》戦《せん》」であり、「日本軍のみがやれた戦争」といい、乃木も師団長もそのあまりの尊い犠牲の続出に、「誰も泣かぬ者はなかったのだ。泣く泣く戦《いくさ》をしたのだ」と語っている。それほど史上類例《しじょうるいれい》を見ぬ大難戦であったのである。

旅順陥落の報は世界を駆けめぐり、それは全世界を震撼《しんかん》かつ驚嘆《きょうたん》させた。ことに欧米人《おうべいじん》にとって、日本軍の勝利はこの世にありうべからざる天地をひっくり返すような出来事であったのである。欧米では旅順陥落をこう評した。

「乃木及び彼の軍隊の人間以上の剛勇《ごうゆう》によりて沈黙せしめたる旅順」

欧米人・白人の思いはこの一言《ひとこと》に尽きる。「白人不敗の神話」が世界を支配していた時代である。有色人種にしてふんどしかつぎにすぎない日本が横綱である世界一の陸軍国ロシアに打ち勝ったのだから、欧米人の衝撃《しょうげき》は筆舌《ひつぜつ》に尽しがたい。日本軍がロシア軍を打破《うちやぶ》ったのは人間業《にんげんわざ》ではないと考えるしかなかったのである。

従って第三軍を指揮した乃木《のぎ》は単に名将《めいしょう》という言葉では言い尽されない。その強さはもはや人間の持つものではなかった。日本流にいえば「鬼神《きじん》」、西洋流にいえば「悪魔」の強さを持つこの上なき「軍神《ぐんしん》」「神将《しんしょう》」であったのである。つまり世界は乃木を世界最高の名将と称賛するほかになかったのである。名将の資格として最も大切なことは結局、部下がその人のもとで死ぬことを悔《く》いぬ主将の人格の力である。それは知略《ちりゃく》とか勇気、戦い方の上手下手を超越したものである。桜井《さくらい》忠温《ただよし》は「私は大将の手に抱《だ》かれて死にたいと思った」と言っている。この奇蹟《きせき》の勝利をもたらした原動力《げんどうりょく》は乃木希典《のぎまれすけ》その人であったのである。

日露戦争《にちろせんそう》を全体から見るとき、旅順戦《りょじゅんせん》が最大の山場《やまば》であり日露両国の運命を分けた真《しん》の決勝戦であった。この勝利がなければ最後の陸戦である奉天会戦《ほうてんかいせん》の勝利と、日本海海戦の完勝《かんしょう》はあり得《え》なかったであろう。

3、救国《きゅうこく》の英雄

水師営《すいしえい》の会見——敵将《てきしょう》ステッセルの感嘆

旅順が陥落《かんらく》した後、明治《めいじ》三十八年一月五日、乃木は要塞《ようさい》近くの水師営《すいしえい》で降伏した敵の主将ステッセル中将《ちゅうじょう》と会見した。このとき乃木はステッセルに対して礼《れい》節《せつ》と温情《おんじょう》ある態度で接し、敗将《はいしょう》を辱《はず》かしめる振舞《ふるまい》を一切《いっさい》しなかったことが、全世界の人々を感嘆させるのである。ステッセルと彼の部下達は帯剣《たいけん》を許された。この時記念撮影が行われたが、乃木とステッセルが中央に坐《すわ》り両軍の幕僚《ばくりょう》らが全《まっ》く対等に並んだ。勝者と敗者がこのようにして写真を撮《と》ることは決してあり得ないことであった。

乃木《のぎ》はまずステッセルと握手を交《かわ》したあと、明治天皇《めいじてんのう》のステッセルに対する仁《じん》慈《じ》にあふれた御心《みこころ》をおごそかに伝えた。

「わが天皇陛下は閣下《かっか》が祖国のために尽された忠勤《ちゅうきん》（忠義を尽すこと）を嘉賞《かしょう》（賞賛することと）し給《たま》い、武士の体面《たいめん》（面目《めんもく》、名誉）を保持《ほじ》せしむべく、私に勅命《ちょくめい》（天皇の命令、お言葉）を下《くだ》されました」

明治天皇の御製《ぎょせい》に次の一首《いっしゅ》がある。

国のため　あだなす仇《あだ》は　くだくとも
　いつくしむべき　ことな忘れそ

（日本の敵ロシアは打ち砕《くだ》かなければならないが、敵の兵士を決して侮辱《ぶじょく》したりむごいことをしたりはせずいつくしみの心で接しなさい）

ステッセルは深く感銘《かんめい》して、「私の深厚《しんこう》（深く厚い）なる感謝の気持を陛下《へいか》にお伝えして下さい」と答えた。そのあと双方《そうほう》は席につきなごやかな雰囲気でしみじみと語り合った。

ステッセルは日本軍の不撓不屈《ふとうふくつ》の勇気と戦いぶりを世界に比類《ひるい》なきものと讃嘆《さんたん》した。乃木《のぎ》はロシア軍の守備の頑強《がんきょう》さもまた同様であったと賞賛《しょうさん》を惜《お》しまなかった。そのあとステッセルは容《かたち》を改《あらた》めて言った。

「聞くところによれば、閣下は当方面の戦場において最愛の二子《にし》を喪《うしな》われたとのこと、真《しん》に同情《どうじょう》に堪《た》えません」

乃木は微笑《びしょう》しながらこたえた。

「私は二子が武門《ぶもん》（武士）の家に生まれ、軍人としてともにその死所《ししょ》を得《え》たることを悦《よろこ》んでおります。彼ら両人がともに国家の犠牲《ぎせい》となったことはひとり私が満足するばかりではなく、彼ら自身も多分満足し瞑目《めいもく》していることだろうと思います」

ステッセルはこの言葉に驚き、

「閣下《かっか》は人生の最大幸福を犠牲《ぎせい》にして少しも愁嘆《しゅうたん》（悲しみなげくこと）の色《いろ》なく、かえって二子《にし》が死所《ししょ》を得られたことを満足される。真《しん》に天下の偉人であります。私らの遠く及ぶところではありません」

乃木《のぎ》の人物に心の底から打たれたステッセルは、このとき愛馬を乃木に献上《けんじょう》した。乃木はこの名馬をステッセルの名にちなみ「壽」（「す」あるいは「ことぶき」）と名づけ愛養《あいよう》した。このとき乃木は散在しているロシア軍戦死者の墓を一カ所に集めて保存することを申し入れた。ステッセルは驚きと悦びを表情に溢《あふ》れさせて、「閣下は実《じつ》に死者のことにまで注意されるか。厚意《こうい》は謝《しゃ》するに言葉がありません」とこたえた。

この会見のあと昼食をとった。そこにはもはや仇敵同士《きゅうてきどうし》の姿はなく、和気《わき》藹々《あいあい》たる空気が流れた。そうして最後に記念撮影が行われた。実《じつ》はこの水師営《すいしえい》の会見《かいけん》の一切《いっさい》を撮影したいとアメリカの映画技師が要請《ようせい》していた。だが乃木は敗軍の将《しょう》にいささかも恥辱《ちじょく》を与えてはならぬとしてそれを許さず、この一枚の写真だけ認めたのである。

乃木とステッセルの会見はこの記念写真をともなって世界に伝えられた。武士《ぶし》道《どう》の精神に基づく乃木のステッセルに対する同情と仁慈《じんじ》と礼節《れいせつ》にあふれた態度は、世界中を感銘《かんめい》させずにはおかなかったのである。世界は旅順《りょじゅん》の陥落《かんらく》に驚愕《きょうがく》、震撼《しんかん》し、水師営《すいしえい》の会見《かいけん》に感嘆《かんたん》した。鬼《き》神《じん》、悪魔《あくま》のごとき強さを持った乃木は花も実《み》もある古今《ここん》の名将《めいしょう》としてその名は一躍四海《いちやくしかい》（世界）に轟《とどろ》き渡ったのである。昭和《しょうわ》二十年までの小学校国語の教科書には「水師営の会見」の歌がのせられていた。

水師営会見後の乃木将軍（中央）と向って右がステッセル中将（乃木神社所蔵）

一、旅順開城約《りょじゅんかいじょうやく》なりて　敵の将軍《しょうぐん》ステッセル　乃木大将《のぎたいしょう》と会見の　所《ところ》はいずこ水師営《すいしえい》

二、庭に一本《ひともと》なつめの木　弾丸《だんがん》あともいちじるく　くずれ残れる民屋《みんおく》に　今ぞ相見《あいみ》る二将軍

三、乃木大将は厳《おごそ》かに　御《み》めぐみ深き大君《おおきみ》の　大みことのり伝《つた》うれば　彼《かれ》かしこみて謝《しゃ》しまつる

四、昨日《きのう》の敵は今日の友　語る言葉もうちとけて　我《われ》はたたえつ彼《か》の防備《ぼうび》　彼はたたえつ我が武勇《ぶゆう》

五、形《かたち》正して言《い》い出《い》でぬ　「この方面の戦闘に　二子《にし》を失い給《たま》いつる　閣下《かっか》の心いかにぞ」と

六、「二人の我子《わがこ》それぞれに　死所《ししょ》を得《え》たるを喜べり　これぞ武門《ぶもん》の面目《めんぼく》」と　大将答《こた》え力あり

七、両将昼食《ひるげ》をともにして　なおもつきせぬ物語　「我に愛する良馬《りょうば》あり　今日の記念に献《けん》ずべし」

八、「厚意謝《こういしゃ》するに余《あま》りあり　軍《ぐん》の掟《おきて》に従《したが》いて　他日《たじつ》我が手に受領《じゅりょう》せば　長くいたわり養《やしな》わん」
九、「さらば」の握手《あくしゅ》ねんごろに　別れて行くや右左《みぎひだり》　筒音《つつおと》絶えし砲台《ほうだい》に　ひらめき立てり日《ひ》の御旗《みはた》
（佐々木信綱 作詞）

これは小学校唱歌《しょうか》として長く歌われた国民の愛唱歌でもあった。
ステッセルは戦後、ロシアで軍法会議《ぐんぽうかいぎ》にかけられ旅順開城の責任を問われて死刑にされかかった。それを知った乃木は当時パリにいた元第三軍の一参謀に対して極力《きょくりょく》ステッセルを弁護するよう頼んだ。その軍人はヨーロッパの各新聞に投書《とうしょ》して、開城がやむを得ざるものであり、ステッセルは十分に立派に戦い抜いたことを訴えた。その結果、死刑の判決を受けていたステッセルは特赦《とくしゃ》にあい出獄《しゅつごく》した。しかし出獄後、一時《いちじ》ステッセルは生活に窮《きゅう》した。それを知った乃木は名前を伏《ふ》せて少《すく》なくない生活費をしばらく送り続けた。

大正元年《たいしょうがんねん》、乃木《のぎ》が殉死《じゅんし》したとき、「モスクワの一僧侶《いちそうりょ》」と記したのみで、皇室《こうしつ》の御下賜金《ごかしきん》に次ぐ多額の弔慰金《ちょういきん》を送ってきた者があったが、それはステッセルであった。ステッセルは晩年繰返《くりかえ》し、「自分は乃木《のぎ》大将のような名将《めいしょう》と戦って敗れたのだから悔《く》いはない」と語った。

奉天会戦《ほうてんかいせん》――世界戦史上最大の陸戦

乃木の第三軍は一月中旬、北上して奉天《ほうてん》に向った。二月下旬から三月中旬まで行われた奉天会戦《ほうてんかいせん》こそ、日露陸軍《にちろりくぐん》の最後の大会戦《だいかいせん》である。

日本陸軍は世界最強を誇るロシア陸軍に対しこれまで連戦連勝してきた。両軍が激突《げきとつ》した大会戦は三つでまず前年八月の遼陽会戦《りょうようかいせん》において、十三万の日本軍が二十二万のロシア軍を、続く十月の沙河会戦《さかかいせん》では十二万の日本軍が二十二万のロシア軍を打破《うちやぶ》った。さらに明治《めいじ》三十八年一月の黒溝台会戦《こっこうだいかいせん》では五万対十一万だったがここでもロシア軍を撃退《げきたい》した。その他大小の戦いは数知れないが兵力、火力ともに明《あきら》かに劣勢《れっせい》の日本軍が終始《しゅうし》ロシア軍を圧倒《あっとう》し続けたのである。ロシア軍としてはいくら戦力に余裕があるとはいえ、もうこれ以上負けるわけにはいかなかった。

満洲《まんしゅう》で戦った日本軍は満洲軍とよばれた。総司令官が元帥《げんすい》大山巖《おおやまいわお》大将である。大山は山県有朋《やまがたありとも》と並ぶ陸軍首脳である。この大山を補佐する満洲軍総参謀長が児《こ》玉源太郎《だまげんたろう》大将である。陸軍随一《ずいいち》の知謀《ちぼう》の士《し》で、ロシア陸軍に対する作戦計画を立てた中心者である。大山は児玉の才能を深く認めて信頼し、児玉は大山を厚く敬《けい》愛《あい》していた。総司令官と総参謀長の組合せは最良といわれた。

満洲軍は第一・第二・第三・第四軍及び鴨緑江軍《おうりょくこうぐん》の五軍より編成されていた。第一軍は近衛《このえ》、第二（仙台）、第十二（小倉）の三個師団より成り、軍司令官の黒木《くろき》為楨《ためもと》大将は鴨緑江の緒戦《しょせん》以来、連戦連勝を重ね、当時欧米《おうべい》では日本陸軍きっての名将と高く評価された。第二軍は第三（名古屋）、第四（大阪）、第五（広島）、第八（弘前）の四個師団から成り、軍司令官は黒木為楨に遜色《そんしょく》なき名将といわれた奥保《おくやす》鞏《かた》大将である。乃木大将の第三軍は第一（東京）、第七（旭川）、第九（金沢）の三個師団より成る。第四軍は野津道貫《のづみちつら》大将の下《もと》に第六（熊本）、第十（姫路）の二個師団よりなる。鴨緑江軍《おうりょくこうぐん》は川村景明《かわむらかげあき》大将の下に第十一（善通寺）、後備《こうび》第一師団よりなる。

満洲軍の兵力は合わせて二十五万、大砲約千門である。対するロシア軍はクロパトキン総司令官の下《もと》に総兵力三十七万、大砲約千二百門であり、兵力、火力とも日本を大きく上回った。兵力が三分の一も多く、加えてロシア軍は奉天地域《ほうてんちいき》に強固な防御陣地《ぼうぎょじんち》を構築《こうちく》していたから、戦力はロシア軍が圧倒していた。総司令官クロパトキンはこれまで連敗して退却《たいきゃく》を重ねてきたから、ロシア国内では「退却将軍」との批判を浴《あ》びた。それゆえ今度こそは日本軍を粉砕《ふんさい》して息《いき》の根《ね》を止める決意に燃えていた。

奉天会戦《ほうてんかいせん》は双方《そうほう》合わせて六十余万もの大軍が東西百キロ以上の広大な戦場において約三週間にわたって激戦を展開した。兵力数といい期間といい、これほどの大兵力による二国間の戦闘はそれまでの歴史にかつてない最大の会戦であった。従来《じゅうらい》の会戦は普通は一日、長くて数日で終るのが大半《たいはん》である。日本軍が世界一を誇示《こじ》する兵力、火力ともに絶対優勢のロシア軍を相手に逃げも隠れもできない満洲の平原において、堂々と四つに組む横綱相撲《よこづなずもう》を取り、ついに打ち勝つことが出来《でき》たのはまことに世界会戦史上の壮挙《そうきょ》であった。本来ならこの奉天会戦もまた旅順要塞戦《りょじゅんようさいせん》と同じく、とうてい日本に勝目《かちめ》なき難戦《なんせん》であった。乃木《のぎ》と第三軍はこの戦いにおいてもその勝敗を分《わか》つ決定的役割を演ずるのである。

しかし当初、満洲軍総司令部は乃木の第三軍に多くを期待していなかった。それは乃木軍が旅順戦に苦戦して多くの損害を出し、年の若い元気な将兵がほとんど倒れて比較的年齢の高い「老兵《ろうへい》」の集団と見なされ、その戦力が第一軍や第二軍と比べて劣ると判断されたからである。

日本軍は東から西へ、鴨緑江《おうりょくこう》軍、第一軍、第四軍、第二軍、第三軍と布陣《ふじん》した。最左翼の乃木第三軍に与えられた任務は、西側から大きく回《まわ》りこみロシア軍の右翼《うよく》（西側）を脅《おびや》かし、ロシア軍を西方面に引きつける牽制役《けんせいやく》であった。つまり囮《おとり》の役目である。その間《かん》に日本軍の主力《しゅりょく》である第二・第四軍がロシア軍主力に攻撃をかけて戦勝《せんしょう》をとげる。これが児玉総参謀長《こだまそうさんぼうちょう》が立てた作戦であった。奉天会戦の当初、乃木軍は全く脇役《わきやく》扱いであった。

乃木軍《のぎぐん》を恐れたクロパトキン

ところが満洲軍《まんしゅうぐん》がその戦力を低く見てあまり期待をかけなかった乃木《のぎ》と第三軍を日本軍最強の精鋭《せいえい》として最も恐れたのが、ロシア軍総司令官クロパトキン大《たい》将《しょう》であったのである。ここが歴史の面白いところである。相手の立場にたって物《もの》事《ごと》を観察《かんさつ》することの大切《たいせつ》さがここにある。

クロパトキンは絶対に落ちないと信じた旅順《りょじゅん》を陥落《かんらく》させた乃木軍の人間離れをした強さに心中《しんちゅう》震《ふる》え上《あが》ったのである。その乃木軍が奉天会戦《ほうてんかいせん》に加わる。当然乃木軍が日本軍の主力《しゅりょく》に違いない。この乃木軍との戦いが奉天会戦の勝敗を左《さ》右《ゆう》する。乃木軍はどの方面に出現するであろうかとクロパトキンの神経はこの一点に集中するのである。

戦いは明治《めいじ》三十八年二月二十一日に始まった。まず最右翼《さいうよく》(東側)の鴨緑江《おうりょくこう》軍が進撃《しんげき》を開始した。クロパトキンはこの最右翼の部隊を日本軍の主力《しゅりょく》つまり乃木第三軍と判断し、直ちに増援《ぞうえん》部隊を送った。続いて二十四日、第一軍が攻撃を開始した。いよいよクロパトキンは日本軍の主力は東方にあると確信して、さらに多くの増援部隊を繰《く》り出した。

そのあと二月二十七日、最左翼《さいさよく》(西方)にあった乃木第三軍は前進を開始した。三個師団は旅順陥落後兵力の補充《ほじゅう》につとめたがいずれも定員《ていいん》を欠き、総兵力は三万八千名ほどであった。乃木軍はロシア側の最右翼《さいうよく》(西側)の外側を大きく迂回《うかい》して進み、右翼のロシア軍をひきつけて牽制《けんせい》することにより、中央部の第二・第四軍の正面からの攻撃をやり易《やす》くすることがその任務である。あくまで助攻的《じょこうてき》(補助的)役割《やくわり》であった。

クロパトキンが日本軍の西からの前進を知ったのは二十八日、それが乃木軍とわかったのが三月一日である。てっきり東にあると思った乃木軍が突然、西の最右翼方面に出現したものだからクロパトキンは驚き、同日直ちに四個師団もの兵力をもって乃木軍の北進を阻止《そし》しようとするのである。以後クロパトキンは乃木軍に対する兵力を増やし続け最終的には十万以上もの大兵力を振り向けるのである。クロパトキンがいかに乃木軍《のぎぐん》を恐れその戦力を過大に評価したかがわかる。

クロパトキンをして東に兵をやり、次いで西に兵を振り向け右往左往《うおうさおう》させた上、中央から主力《しゅりょく》を進撃させるというのが日本軍の基本作戦である。ここにおいて初動《しょどう》に成功したと見た大山総司令官は三月一日、全軍に総攻撃を命じた。こうして日本軍二十五万、ロシア軍三十七万は以後十日間にわたりかつてない一大野戦《やせん》を繰りひろげるのである。

前半戦はおおむね日本軍の思い通りの滑《すべ》り出《だ》しであった。しかし三月一日以後の戦いは困難を極《きわ》めた。それは何《なん》といってもロシア軍の兵力・火力がともに優勢であったからである。しかも彼らは強固《きょうこ》な野戦陣地《やせんじんち》を備えていたから日本軍の前進を固く阻止《そし》した。各軍とも難戦苦戦《なんせんくせん》に陥《おちい》るのである。右を突き左を動かし敵を翻弄《ほんろう》させた上で中央突破をはかるという児玉総参謀長の立てた作戦は悪くはなかったが、これを成功させるには日本軍の兵力、火力が少なすぎたのである。

クロパトキンは初め日本軍の動きに振り回されたが、もともとゆとりある戦力を有していたから、東部及び中央部より打って出る日本軍の進撃《しんげき》を強く阻止した。そのため以後一週間日本軍はほとんど前進できない膠着状態《こうちゃくじょうたい》が続くのである。

乃木第三軍に対するロシア軍の攻勢《こうせい》は三月一日から本格化した。クロパトキンは何より乃木軍の北進《ほくしん》を重視し警戒した。あの旅順《りょじゅん》を落した悪魔のような勇猛《ゆうもう》無比《むひ》の強兵《きょうへい》である乃木軍が、長駆迂回《ちょうくうかい》してロシア軍を西北方面より包囲してその背後《はいご》を脅《おびや》かし退路《たいろ》を絶つようなことになればロシア軍は窮地《きゅうち》に陥《おちい》る。絶対にこれを避けなければならない。そこでクロパトキンはさらに多くの兵力を投入して乃木軍の撃退《げきたい》につとめた。

乃木軍の死闘《しとう》――日本軍の逆転勝利

三月一日からの日本軍の総攻撃は少しも進展《しんてん》せず、東部及び中部戦線に暗雲がたれこめ今後の明るい見通しが立たなくなった満洲軍総司令部はこの行詰《ゆきづま》りを打《だ》開《かい》する為《ため》に、三月三日から四日にかけて重大な作戦変更《へんこう》を行った。それは効果の上がらぬ第二軍・第四軍による正面からの攻撃を避け、第三軍に対して相手をひきつけておく守勢的《しゅせいてき》な囮《おとり》の役目から、奉天《ほうてん》西方の現位置より東北方の東清鉄道支《とうしんてつどうし》線《せん》へ向ってすみやかに進撃《しんげき》させる任務に振り変えた。つまり第三軍にロシア軍を包囲してその退路《たいろ》を絶たせる積極的攻勢《こうせい》の役割を与えたのである。

ここに当初《とうしょ》多くを望まれずただ端役的《はやくてき》働きを求められていた乃木軍《のぎぐん》に、全日本軍の活路《かつろ》を見い出すべき主攻的《しゅこうてき》(中心的)任務《にんむ》が付与《ふよ》されたのである。敵の主将が最も恐れる乃木と第三軍こそ日本軍の主力《しゅりょく》として最大の戦力を与えるべきであったのだが、大山や児玉はこれに気づかなかったのである。しかしおそまきながらここで作戦を見直し、乃木軍に最も重要な任務を課《か》したのであった。乃木軍は端役《はやく》、脇役《わきやく》から主役《しゅやく》に躍《おど》り出るのである。乃木はどこまでも劇的人物であり、日《にち》露戦争《ろせんそう》という一大史劇《しげき》の第一の主役であったのである。

乃木軍は全力を上げて奉天の西北方より東南方に進撃、ロシア軍の退路《たいろ》を絶《た》とうとした。そうはさせないとクロパトキンは西部方面に一層《いっそう》兵力を集中し三月六日、乃木軍に大攻勢《だいこうせい》をかけた。しかし乃木軍は苦戦しつつロシア軍を撃退《げきたい》した。六日の攻撃に失敗したクロパトキンはいよいよ事態《じたい》を重大視し、翌日一大決断を行った。これまで東部及び中央のロシア軍第一軍及び第三軍は日本軍の進撃《しんげき》を阻《はば》み、この方面はロシア軍が断然優勢《だんぜんゆうせい》を保っていた。そのロシア軍を少し後退させることにより戦線を縮小《しゅくしょう》し一部の兵力を引き抜き、それを乃木軍に振り向けたのである。そして三月七日より九日にかけて、乃木軍撃退《げきたい》に全力を傾注《けいちゅう》した。この奉天会戦の最終局面において、最も重要な役割を担《にな》ったのが乃木軍である。二、三倍の大兵力を相手に日本軍各軍中最大の苦戦を強いられ莫大《ばくだい》な犠牲《ぎせい》を払ったのがこの時である。

クロパトキンの心を占領したのは、乃木軍のすさまじい進撃と奮戦《ふんせん》ぶりであった。大兵力をもっていくら逆襲しても乃木軍はじりじりと前進をやめないのである。七、八日両軍の激闘《げきとう》が続いたが三月九日、ロシア軍の大攻勢に乃木軍は最も苦戦した。ことに第九師団は壊滅的《かいめつてき》打撃《だげき》を受け、一万二千余の戦闘員が二千五百名にまで激減した。ほとんど全滅状態である。第一師団、第七師団も多大な損害《そんがい》を出した。だがそれでも乃木軍は約三倍のロシア軍の猛攻《もうこう》に耐え抜き決して壊滅《かいめつ》せず進撃体制をいささかも緩《ゆる》めなかった。

三月六日から九日に至るロシア軍の乃木軍《のぎぐん》への大攻勢は激烈《げきれつ》を極《きわ》めた。ロシア軍の退路《たいろ》を絶とうとしてあくまで進撃をやめない乃木軍と、絶たれまいとして必死に阻止《そし》するロシア軍とのこの四日間の激闘《げきとう》こそ奉天会戦《ほうてんかいせん》の勝敗を分つ最大の局《きょく》面《めん》であった。

一方、ロシア第一・第三軍の退却《たいきゃく》に気づいた東部と中部の日本軍各軍は三月八日、追撃《ついげき》を開始したがはかばかしい成果はなく、八日の時点ではなおロシア軍が全方面で優勢《ゆうせい》を維持《いじ》していた。ところが九日になってから、東部の日本軍ことに黒木為楨《くろきためもと》の第一軍が猛進撃してきた。ここにおいてロシア軍は西の乃木軍と東の黒木軍によりはさみ打ちにあう不利な形勢《けいせい》となったのである。

クロパトキンは八日までは自軍《じぐん》の絶対優勢《ぜったいゆうせい》を確信していた。しかし九日、黒木軍が東より迫ってきたことと、いくら逆襲しても崩《くず》れず進撃をやめない乃木軍の戦いぶりを見て、九日夕方、日本軍に東西より包囲され退路を絶たれる恐怖をどうしても打払《うちはら》うことができず自軍の劣勢《れっせい》を認め、全軍に退却《たいきゃく》を命じたのである。三月十日、日本軍各軍は全力で追撃《ついげき》した。ロシア軍は後退しつつ防戦につとめたが、この一日で膨大《ぼうだい》な損害《そんがい》と捕虜《ほりょ》を出し、日本軍は奉天を占領、この大会戦に勝利をとげた。

ロシア軍は三十七万中、死傷者六万以上、捕虜二万以上、約九万人の損害である。これは公表された数だが、実際はもっと多い。日本軍は二十五万中、死傷者約七万人である。この数字は奉天会戦がいかに難戦《なんせん》であったかを物語っている。乃木軍は各軍中最大の一万八千五百人もの死傷者を出した。この数字が何より乃木軍の奮戦敢闘《ふんせんかんとう》ぶりの証《あかし》である。

奉天会戦は本来勝目《かちめ》なき戦いであった。三月七日から九日の終盤戦《しゅうばんせん》までロシア軍は絶対優勢《ぜったいゆうせい》を保っていた。クロパトキンは乃木第三軍以外の日本軍各軍を恐れずその進撃を抑《おさ》えつけていた。ただ乃木と第三軍だけを恐れたのである。

児玉総参謀長は部下の参謀らに「クロパトキンの心を打て」と諭《さと》したが、クロパトキンの心を見事に打ち貫《つらぬ》いた者こそ乃木であった。乃木及び第三軍が難攻不《なんこうふ》落《らく》と信じた旅順《りょじゅん》を落したことが、クロパトキンの心理に決定的打撃を与えたのである。彼にとり乃木《のぎ》と第三軍の強さはもはや人間の常識を超えるものであった。悪魔いや鬼神《きじん》のように恐ろしい乃木に、クロパトキンは戦う前に敗れていたのである。

奉天会戦《ほうてんかいせん》は乃木軍の死戦死闘《しせんしとう》による日本軍の逆転勝利であった。乃木軍は旅順戦の死闘を再び奉天で演じたのである。日露陸戦《にちろりくせん》を代表する旅順要塞戦《ようさいせん》と奉天会戦の勝利をもたらした乃木こそ日露陸戦の最大の功労者、最高の殊勲者《しゅくんしゃ》であり、日露戦争《にちろせんそう》の勝利を導いた救国の英雄にほかならなかったのである。

何《なん》の顔《かんばせ》あって父老《ふろう》に看《まみ》えん

奉天会戦のあと五月、日本海海戦が行われ日本海軍は空前の大勝を遂《と》げた。ロシアは戦争継続をあきらめ九月、日露講和条約が成立した。

乃木は凱旋《がいせん》(戦いに勝って帰ること)するとき次の詩を作った。

皇師《こうし》百万　強虜《きょうりょ》を征《せい》す
野戦攻城《やせんこうじょう》　屍山《しかばねやま》を作《な》す
愧《は》ず我何《われなん》の顔《かんばせ》あって父老《ふろう》に看《まみ》えん
凱歌今日幾人《がいかこんにちいくにん》か還《かえ》る

※皇師＝日本軍　　強虜＝ロシア軍　　凱歌＝戦いの勝利を祝う歌

乃木は旅順と奉天の戦いで多くの将兵《しょうへい》を死なせたことを心からすまなく思い、部下の親たちに合わす顔がないと自分を責《せ》めるのである。できることなら二人の息子とともに戦死を遂《と》げたかった。日本を勝利させた比類《ひるい》なき大功《たいこう》を樹《た》てたのにもかかわらず、乃木は生きて還《かえ》ることを恥《は》じたのである。

明治《めいじ》三十九年一月十四日、乃木は第三軍幕僚《ばくりょう》（参謀たち）とともに新橋駅に着いた。乃木に対する東京市民の歓迎は、大山《おおやま》総司令官や東郷平八郎《とうごうへいはちろう》連合艦隊《れんごうかんたい》司令《しれい》長官《ちょうかん》の時を上回る最大のものであった。乃木一行《いっこう》が到着して駅頭《えきとう》に姿を現すや、駅前の大群衆は涙とともに「乃木《のぎ》大将万歳《ばんざい》」を声の限り叫んだ。もう誰も乃木を非難したり怨《うら》む者はいなかった。市民はあたかもわが老父《ろうふ》を迎える心持ちでこの日を待ちわびた。人々はもうこの時、旅順《りょじゅん》や奉天《ほうてん》の戦いがいかに困難を極《きわ》めたかを知っている。また乃木《のぎ》が二人の息子を失ったことに深く同情していた。当時人々は「一人息子と泣いてはすまぬ。二人亡くした方もある」と言った。

そのあと乃木は皇居《こうきょ》において、明治天皇《めいじてんのう》に復命《ふくめい》(命令をうけてその始末《しまつ》を報告すること)した。明治天皇は旅順の難戦《なんせん》で交代《こうたい》すべしの声が上がったときそれを拒《きょ》否《ひ》されて、「乃木を代《か》えたら乃木は生きておらぬぞ」と言われた方である。明治天皇のこの限りないご信頼、ご信任《しんにん》があったればこそ、乃木は旅順と奉天で精根の限りを尽して死闘し奇蹟的勝利を遂げることができたのであった。

乃木は天皇陛下の「御稜威《みいつ》」(偉大な威光《いこう》、威徳《いとく》、威力《いりょく》)によりロシア軍に勝利しえたことをのべたが、「わが将卒《しょうそつ》(将兵《しょうへい》)の常に勁敵《けいてき》(強敵)と健闘し、忠勇義烈《ちゅうゆうぎれつ》(忠誠と勇気と正義を守る強烈な心)死を視《み》ること帰《き》するが如く(決死の覚悟《かくご》で全《まった》く生還を考えないこと)、弾《たま》に斃《たお》れ剣《けん》に殪《たお》るる者皆、陛下《へいか》の万歳《ばんざい》を喚呼《かんこ》(さけぶこと)し欣然《きんぜん》

（よろこぶこと）と瞑目《めいもく》したるは」のところにいたって、熱涙《ねつるい》したたり落ちむせび泣くのである。明治天皇は乃木と第三軍将兵の忠節《ちゅうせつ》（忠誠心）と功績《こうせき》を心から讃《たた》えられた。

そのあと乃木は、天皇陛下の赤子《せきし》たる多くの将兵を旅順で死なせた責任を取り、割腹《かっぷく》（腹を切って死ぬこと）して罪を償《つぐな》うことをお許し下さるよう申し上げた。それなのに乃木は自分の大功《たいこう》を忘れて、旅順戦で数多くの部下を失《うしな》ったことを己《おの》れの責任と感じ死をもって明治天皇にお詫《わ》びしようとしたのである。この時乃木はその名が内外《ないがい》に轟《とどろ》く世界一の陸の名将《めいしょう》であった。旅順戦における犠牲はやむをえないものであった。責任というなら敵戦力を低く見た参謀本部にあった。しかし乃木は他のせいにせず自己の責任として、この時割腹自決《かっぷくじけつ》せんとしたのである。このような軍将《ぐんしょう》が世界にいるだろうか。乃木は全《まった》く古今《ここん》に類《たぐ》いなき名将であったのである。明治天皇はこう言われた。

「お前が割腹《かっぷく》してわしに謝《あやま》ろうとする心はよくわかる。しかし今はお前の死ぬべき時ではない。お前がもし強《し》いて死のうとするならわしが世を去った後にせよ」

明治天皇《めいじてんのう》はこのような乃木を誰よりも心から深く親愛《しんあい》されてやまなかったのである。自分が世にある限り、乃木《のぎ》こそ日本国家を支《ささ》える柱石《ちゅうせき》、大黒柱《だいこくばしら》として生き続けてほしいと願われたのであった。

4、武士道の不滅

明治天皇《めいじてんのう》のご親愛――乃木を国家の柱石《ちゅうせき》として見られる

乃木はロシアを打破《うちやぶ》り国家の独立と民族の生存を確保《かくほ》する上に比類《ひるい》なき大功《たいこう》を樹《た》てた。にもかかわらずその功《こう》を少しも誇らず責任をとって死を請《こ》うた。このような良将《りょうしょう》、名将《めいしょう》はこの日本に、いなこの世界に二人といない。この民族の至宝《しほう》と言うべき人物に何をもって報《むく》いるべきか。これが明治天皇のお心であった。

明治四十年一月、明治天皇は乃木を学習院長《がくしゅういんちょう》に任命された。軍人である乃木が華族《かぞく》の子弟《してい》を教育する学習院長《がくしゅういんちょう》になったのはわけがあった。明治《めいじ》三十九年夏、参謀総長《さんぼうそうちょう》の児玉源太郎《こだまげんたろう》が五十五歳の若さで急逝《きゅうせい》した。日露戦争《にちろせんそう》で全心身を燃やし尽したのである。誰もがその死を惜《お》しんだ。親友の乃木《のぎ》は葬儀委員長《そうぎいいんちょう》をつとめた。山県有朋《やまがたありとも》は明治天皇《めいじてんのう》に児玉の後任《こうにん》として乃木を推薦《すいせん》した。乃木の人物、才腕《さいわん》と日露戦争における功績からみて誰一人として異存《いぞん》のない人事《じんじ》と思われた。ところが天皇は、「乃木についてはわしの考えもあるから、他の者にせよ」と仰《おお》せられた。このようなことはかつて例がなかった。天皇は日ごろ信頼する山県《やまがた》の人事案を旅順戦《りょじゅんせん》の時は別としていつも異論《いろん》なく認められた。山県はあれほどご信任の厚い乃木をなぜ参謀総長にされぬのだろうと不審《ふしん》に思った。こうして参謀総長は奥保鞏《おくやすかた》が任命された。しばらくして山県は天皇によばれた。天皇はご機嫌麗《きげんうるわ》しくこうのべられた。

「先日、乃木を参謀総長にとのことであったが、乃木は学習院長に任《にん》ずることにしたから承知せよ。近く三人のわしの孫達《まごたち》が学習院に学ぶことになるのじゃが、孫達の教育を託《たく》するには乃木が最も適任《てきにん》と考えるので乃木をもってすることにした」

「孫達」とは後の昭和天皇《しょうわてんのう》、秩父宮《ちちぶのみや》、高松宮《たかまつのみや》である。将来の天皇となるべき方をご教育する役目は参謀総長よりも重要であり、その最適任者は乃木というのが明治天皇のお気持ちであった。乃木へのご信任の深さが思いやられる。山県は「陛下の乃木に対する異常のご信任に感激せざるを得ぬ」と語っている。このとき明治天皇は乃木に次の御製《ぎょせい》を賜《たまわ》った。

いさをある　人を教えの　おやにして
おほしたてなむ　やまとなでしこ

「いさをある人」とは乃木、「おほしたてる」とはいつくしみ育てること、「やまとなでしこ」は三人の皇孫《こうそん》を含む学習院の児童生徒である。学習院長任命の際、天皇はこう言われた。

「お前は二人の子供を失って寂《さび》しいだろうから、その代り沢山《たくさん》の子供を授けてやろう」

乃木《のぎ》ははじめご内意《ないい》（明治天皇《めいじてんのう》のお考え）を伝えられた時、役目のあまりの重大さに軍人たる自分はとてもその任にあらずとためらった。しかし乃木という人物を誰よりも深く認められ絶大《ぜつだい》の信頼をおかれる明治天皇の寵遇《ちょうぐう》（深い愛情をもって待遇《たいぐう》すること）に感泣《かんきゅう》し恐《おそ》れ畏《かしこ》み拝受《はいじゅ》したのである。明治天皇は伊藤博文《いとうひろぶみ》、山県《やまがた》有朋《ありとも》らのあとの国家の元老《げんろう》として乃木に最も大きな信頼を寄《よ》せておられたのであった。

学習院長《がくしゅういんちょう》――生徒から「うちのおやじ」と敬慕《けいぼ》される

乃木は学習院長の任務に渾身《こんしん》の努力を傾けた。乃木の就任直後、裕仁親王《ひろひとしんのう》（後の昭和天皇《しょうわてんのう》）が学習院初等科に入学されたが、裕仁親王のご教育に乃木は誠意《せいい》の限りを尽した。裕仁親王は乃木を深く敬愛され、乃木の真心《まごころ》からの輔導《ほどう》（たすけ導くこと）に誠意をもってこたえられた。親王は乃木に対して常に「院長閣下《いんちょうかっか》」とよびかけ、何かにつけて「院長閣下は……」「院長閣下が……」と言われた。制服や靴下《くつした》が破れてお側《そば》で奉仕《ほうし》する女官《じょかん》が新品《しんぴん》にとりかえようとすると、

「院長閣下が着物の穴《あな》のあいているのを着てはいけないが、つぎのあたったのを着るのはちっとも恥じゃないとおっしゃったから、穴のあいたのにはつぎをあてておくれ」

といわれた。昭和天皇は晩年、「私の人格形成に最も影響のあったのは乃木希典《のぎまれすけ》学習院長《がくしゅういんちょう》であった」とのべられている。乃木は「教えのおや」にせんとの明治天皇のご期待に全身全霊《ぜんしんぜんれい》をもっておこたえしようと一心《いっしん》につとめたのである。乃木は院長就任式《しゅうにんしき》で学習院全生徒にこう挨拶《あいさつ》した。

「私は一介《いっかい》の武弁《ぶべん》（単なる軍人）であって教育者ではない。いやしくも華族子弟《かぞくしてい》の教育を司《つかさど》る本校の指導者には、世間《せけん》自《おのずか》らその人ありと考えられる。従ってこの仕事を拝受《はいじゅ》するにもかなり躊躇逡巡《ちゅうちょしゅんじゅん》したものであった。

兵士を訓練することと諸子《しょし》を教育することは勿論《もちろん》同一《どういつ》目的《もくてき》ではない。がしかし至誠《しせい》（誠《まこと》・真心《まごころ》）を以《もっ》て人に接する一事《いちじ》に至りては、決して変りはないと信ずるの

である。乃木《のぎ》は教育については門外漢《もんがいかん》ではあるが、ただ至誠《しせい》をもってご奉公《ほうこう》申し上《あ》ぐる一事《ひとこと》にいたりては人後《じんご》に落ちまいと堅《かた》き決意を有《ゆう》している。

　交友会雑誌の高論《こうろん》も再《さい》読《どく》した。ご趣旨《しゅし》も同感至極《どうかんしごく》と思うが、ただ無名子《むめいし》（無署名）であることがいかにも残念至極《ざんねんしごく》であった。この室内には必ずその筆者《ひっしゃ》も列席《れっせき》しておらるることと思う。乃木は日露戦後《にちろせんご》、姥《ばば》とただふたりっきりで淡々《たんたん》たる冬の夜はまことに長くて静かだ。ぜひその筆者と親しく膝《ひざ》を交《まじ》えて夜話《よばな》しの機会を得《え》たい。さすればお互《たが》いに啓発《けいはつ》（ひらき導くこと）されるところも多々《たた》あるであろうと信ぜられる」

学習院運動会（明治42年）（乃木神社所蔵）

　交友会雑誌の高論とは、学習院中等科五年生（今でいうと高校二年生）の書いた文章で、軍人たる乃木は「屍山血河《しざんけっか》の戦争においてはあるいは名将《めいしょう》の大器《たいき》かも知れないが、平和なる育英《いくえい》の聖業《せいぎょう》においては頑迷《がんめい》なる失敗者であるかも知れない」として、乃木の学習院長就任に絶対反対を表明したものである。

この文章は当然問題となりその生徒は処罰必至《しょばつひっし》だったが、決定は乃木の就任後となっていた。乃木の就任挨拶《あいさつ》は満場の生徒及び教師の心を強く打った。文章を書いた生徒は全身を震《ふる》わせて涙を流し自己の過《あやま》ちを悔《く》いた。乃木はこの生徒を少しも咎《とが》めることなく赦《ゆる》した。以後この生徒は無二《むに》の乃木敬慕者《けいぼしゃ》となった。

「至誠《しせい》をもって人に接する」、「ただ至誠をもってご奉公《ほうこう》申し上ぐる」こそ乃木生涯の信念であり実践であった。それは軍職《ぐんしょく》にあろうと教職にあろうと少しも変るところはなかった。学習院の生徒たちそして教師たちは以後、乃木を「うちのおやじ」と敬愛《けいあい》し乃木の指導に悦服《えっぷく》するのである。

人格の薫《かお》り

乃木《のぎ》は数々の逸話《いつわ》を残した。みな乃木の美しい人柄が薫《かお》っている。明治《めいじ》四十四年、乃木は東郷平八郎《とうごうへいはちろう》とともにイギリスを訪れた帰路《きろ》、東郷と別れてフランス、ドイツ、ルーマニア、トルコ等を歴訪《れきほう》した。各国における歓迎は盛大を極《きわ》めた。一ヨーロッパ人は「乃木がほとんど全欧州《おうしゅう》諸国より受けた王侯《おうこう》に対するがごとき尊敬と稀《まれ》に見るところの賞賛《しょうさん》」とのべている。

ことにルーマニアでの歓迎は格別であった。国王夫妻と皇太子夫妻は来訪《らいほう》をいたく喜んだ。欧州で多芸多能《たげいたのう》の詩人として名高い王妃《おうひ》とは、互いに愛好《あいこう》する詩について話がはずんだ。乃木が欧州では見ることの出来《でき》ない紅葉《もみじ》について語ると、王妃は「あゝそれを一目でも見たいものです」と嘆声《たんせい》をもらした。

乃木の気高い人格、品性及びその言動振舞《げんどうふるまい》はルーマニア王室の人々の心を捉《とら》えて離さず、いっぺんに乃木の人柄の虜《とりこ》となったのである。乃木は決して武勇一辺《ぶゆういっぺん》倒《とう》の頑固《がんこ》一徹《いってつ》の軍人ではなく、もともと江戸っ子だったから粋《いき》で垢抜《あかぬ》けしていた。加えて軍人としては最も深い学問、教養を身《み》につけ、すぐれた和歌と漢詩をよむ優雅《ゆうが》な文人《ぶんじん》の一面を備えていたから、ヨーロッパの人々はみな魅了《みりょう》されずにおられなかったのである。

乃木は帰国後、学習院構内《こうない》に鮮《あざや》かに色づいた紅葉《もみじ》の幾枝《いくえだ》を手折《たお》りなるべく色あせないような処理《しょり》をして、これを画家に書かせた満山紅葉《まんざんこうよう》に燃える絵と紅葉の枝を大きく描いた絵を表装《ひょうそう》したものとともにルーマニア王妃に贈った。すると翌明治四十五年一月、王妃はその紅葉の枝を写生、油絵にして贈ってきたのである。それには王妃の詩がドイツ語で記されていた。それを森鷗外《もりおうがい》が翻訳《ほんやく》したのがこれである。

大英雄は向うところ勝たざるはなく
爛々《らんらん》たる眼光《がんこう》は遠く境《さかい》をも超《こ》えつべし
さるもまた優しくも婦人の懐《おもい》を楽しましめ

聡《さと》くも児童《じどう》の心を迎《むか》う

カルメン・シルワ　山中吟《さんちゅうぎん》

クロパトキンが鬼神《きじん》のごとく畏怖《いふ》した旅順《りょじゅん》と奉天《ほうてん》の大英雄乃木《のぎ》は、ルーマニアの王妃《おうひ》・皇太子妃《こうたいしひ》にとっては真に敬愛し景慕《けいぼ》すべき偉人であり、男の中の男であったのである。

東京の巣鴨《すがも》にある廃兵院《はいへいいん》に最も足繁《あししげ》く通った将官《しょうかん》は乃木である。ここには日露戦争《にちろせんそう》で負傷し五体《ごたい》が不具《ふぐ》となった兵士約五十人がいた。そのうち十五人が旅順等で傷ついた旧部下であったから、乃木は深い同情と責任を感じていた。毎月一、二回は訪れ各部屋ごと一人一人慰問《いもん》して回り、いつも何か餅《もち》、菓子《かし》、果物《くだもの》などの手土産《てみやげ》を絶やさなかった。時折《ときおり》、皇室から御下賜品《ごかしひん》などを戴《いただ》けば、真先《まっさき》に自《みずか》ら届けた。

廃兵《はいへい》たちはこうして時をおかずやってくる乃木の厚い情《なさけ》に感泣《かんきゅう》し、乃木の来院《らいいん》を何より喜びいつも次の来院を待《ま》ち焦《こ》がれた。乃木が殉死《じゅんし》したとき彼らはみな慈父《じふ》を失ったかのように泣き悲しんだ。乃木の葬儀《そうぎ》のとき歩行出来《でき》る者は葬列《そうれつ》に加わり、不自由な者には式場に先着《せんちゃく》させた。葬儀後、墓参りする廃兵が相次《あいつ》いだ。

戦後のある年、乃木は私用で長野に行った。しかし乃木大将がやって来たということであちこちから声がかかり、長野師範学校《しはんがっこう》に招かれた。校長は講堂で全生徒に乃木を紹介しその勲功《くんこう》をたたえたあと、一場《いちじょう》の講演を請《こ》い登壇《とうだん》をうながした。ところがいかに進められても演壇に登ろうとせず講演を辞退《じたい》した。だが校長はあきらめず、少しでもと懇願《こんがん》した。やむなく乃木はその場に立ったまま、

「諸君、私は諸君の兄弟を多く殺した乃木であります」

と一言いったまま頭《こうべ》を垂《た》れ、やがて双頬《そうきょう》(左右の頬《ほお》)にはらはらと涙を流し、ついにハンカチをもって面《おもて》をぬぐい嗚咽《おえつ》した。これを見た満堂の生徒と教師らもみな泣いた。

長野県出身の兵士は第一師団に所属していたから、乃木の部下として旅順《りょじゅん》、奉天《ほうてん》で数多く亡くなっている。従って師範学校で学ぶ生徒たちは彼らの弟である

ものが少《すく》ない。その尊い犠牲者《ぎせいしゃ》の弟たちに向い、乃木《のぎ》は高い演壇に立って語るべき何ものもなかったのである。日露戦争随一《にちろせんそうずいいち》の英雄の話が聴けると瞳《ひとみ》を輝《かがや》かしてわくわくとした思いで登壇《とうだん》を待つ純真《じゅんしん》な生徒を前にして、乃木は万感胸迫《ばんかんむねせま》りこの言葉を発したのである。乃木のたった一言《ひとこと》の講演は、その後この地で感動をもって長く言い伝えられた。

乃木は出来る限り戦死者の遺族を訪問しては彼らを慰《なぐさ》め、また生活に困窮《こんきゅう》する者には少なからぬ金を与えることを常とした。東京市内に辻占売《つじうら》りをしている十一、二歳の少年がいた。辻占売りというのはこの時代にはやった占《うらな》いを書いた紙を街角《まちかど》で売る商売である。その少年の父は旅順《りょじゅん》で戦死していた。この少年は朝には新聞配達をし昼間は小学校に通い、夕方から夜にかけて辻占を売り病気の母の面倒《めんどう》を見るという近所に評判の孝行息子《こうこうむすこ》であった。ある日、人力車《じんりきしゃ》に乗ったときその車夫《しゃふ》が同じ長屋に住んでいることから、その少年のことを聞き知った乃木は、その日の夜すぐさま少年の家を訪れたのである。

するとちょうどその時借金取りの男が来ており、大声を上げて借金払《ばら》いの催促《さいそく》をしている最中《さいちゅう》であった。病床《びょうしょう》からはい上《あが》った母親は「ご覧《らん》の通りの始末《しまつ》で」と泣くがごとく訴え、しばらく待ってくれるよう懇願《こんがん》した。少年もどうすることもできずただおろおろしていた。だが男は引き下《さが》ることなく責《せ》め立てた。

その様子を見た乃木は長屋の入口に立ち、借金取りに金額を聞くと十七円いくらだという。乃木は即座《そくざ》にその金を払って証文《しょうもん》を受け取りそれを母親に渡した。親子はあまりの出来事《できごと》に呆然《ぼうぜん》として額《ひたい》を畳《たたみ》にすりつけ、嬉《うれ》し泣きして礼をのべた。家に上《あが》った乃木はこうのべた。

「いや礼を言われるに及《およ》ばん。あなたの病気をお見舞いし、松樹山《しょうじゅさん》に名誉の戦死をなされた本多上等兵《ほんだじょうとうへい》の位牌《いはい》に線香《せんこう》を上《あ》げ、また倅《せがれ》さんの心労《しんろう》を慰めんがために参《まい》った。私は乃木希典《のぎまれすけ》じゃ」

そして「これを仏前《ぶつぜん》に上げて下さい」と二十円を包んで母親に渡し、別に五円「孝行《こうこう》しなさい」といって少年に渡した。それから乃木は生ける者に言うように戦死した本多上等兵の功績をほめたたえて仏壇《ぶつだん》に手を合わせた。親子はただただ涙にくれた。

国のためロシアに勝つためとはいえ、実に多くの犠牲者を出したことを乃木《のぎ》は心からすまなく思いこうして遺族を慰《なぐさ》めて歩き、少しでも生活に苦しんでいる者があると金を与えたのである。借金を支払った分と合わせて四十二円という金額は、この貧しい親子の約一年分の生活費に当るものであった。

忠誠無比《ちゅうせいむひ》の人物乃木はまた至孝《しこう》(この上ない親孝行)の人であった。少年時、ある夏の朝、母の壽子《としこ》は蚊帳《かや》をはずしながら乃木を起した。乃木は二、三度呼ばれたが寝床《ねどこ》でぐずぐずしていた。母は厳しく躾《しつけ》ていたから、「何をぐずぐずしているのか」と畳《たた》みかけた蚊帳で肩のあたりを打った。ところがそれが誤って左の眼に当《あた》った。そのため目がはれ上がったが数日にして治った。だがそれ以来左眼は失明《しつめい》してしまった。母は失明に気づかなかった。乃木はこれを母にも父にも話さなかった。もしこれを打《う》ち明《あ》かせば母の過失《かしつ》を世間に暴露《ばくろ》し、また母を生涯苦しめることになるからである。生存中とうとう母はこれを知ることはなかった。乃木はこれほど心根《こころね》のやさしい親思いであった。

乃木は日本人の模範《もはん》として楠木正成《くすのきまさしげ》を高く仰《あお》いだ。明治時代《めいじじだい》ほとんど全ての人がそうである。乃木は楠木正成に関する書物を出来る限り集めて学び、その純《じゅん》忠《ちゅう》至《し》誠《せい》、七生《しちしょう》報国《ほうこく》の精神を見習うことにつとめた。楠木正成について乃木は次の歌を詠《よ》んでいる。

根《ね》も幹《みき》も　枝《えだ》ものこらず　朽果《くちは》てし
　楠《くす》の薫《かお》りの　高くもあるかな

このほか後世《こうせい》の私たちの心を打つ乃木の尊皇愛国《そんのうあいこく》の至情《しじょう》を詠んだ名歌五首を掲《かか》げよう。

大君《おおきみ》の　御楯《みたて》とならむ　身《み》にしあれば
　きたへざらめや　みがかざらめや

大君《おおきみ》の　辺《へ》にこそ死なめ　もののふは

憂《う》きてふことの　などかあるべき
※憂きてふこと＝つらいこと

朝な朝な　をろがみまつる　東《ひんがし》の
空にたふとき　天《あま》つ日《ひ》のかげ

埋木《うもれぎ》の　花さく身《み》には　あらねども
高麗《こま》もろこしの　春ぞ待たるる
※日露戦争直前のもの。乃木は休職中だった。高麗もろこしとは満洲。

このままに　朽《く》ちも果《は》つべき　埋木《うもれぎ》の
花咲く春に　逢《あ》ふぞ芽出《めで》たき

乃木は戦死した二人の息子についてこう詠《よ》んだ。

咲くことを　などいそぎけむ　今更《いまさら》に
　ちるを惜《お》しとも　思ふ今日《きょう》かな

ステッセルに向って二人の死を「武門《ぶもん》の面目《めんもく》」、「死所《ししょ》を得《え》たることを悦んでいます」と語り、部下には「よく戦死してくれた」と言ったが、この歌こそ偽《いつわ》ることなき乃木《のぎ》の親心《おやごころ》であった。

みあと慕いて

明治《めいじ》四十五年七月三十日、明治天皇《めいじてんのう》が崩御《ほうぎょ》なされた。御年《おんとし》満五十九歳であった。明治天皇は日露戦争《にちろせんそう》の二年間、筆舌《ひつぜつ》に尽しがたいご辛苦《しんく》を重ねられたが、それがご寿命《じゅみょう》を縮《ちぢ》められたのである。その日乃木は宮殿控室《ひかえしつ》でご平癒《へいゆ》をひたすら祈願していた。そこへ宮内省主馬頭藤波言忠《くないしょうしゅめのかみふじなみことただ》がやってきて、無言《むごん》で「来《きた》れ」とさし招いた。陛下《へいか》のご容態《ようだい》が絶望《ぜつぼう》と決した刹那《せつな》、おそばにあった侍従長《じじゅうちょう》徳大寺《とくだいじ》実則《さねつね》が直《ただ》ちに藤波《ふじなみ》に「このことを一刻《いっこく》も早く乃木《のぎ》にのみは知らせよ」と指示《しじ》したからである。明治天皇《めいじてんのう》が臣下中《しんかちゅう》もっとも親愛《しんあい》された人物であったから、乃木は第一番に最後のお別れをさし許されたのであった。

乃木は言うべからざる悲嘆《ひたん》の底《そこ》に沈《しず》んだ。そのあと退出《たいしゅつ》せず控室にて瞑目沈《めいもくちん》思《し》、唯々《ただただ》いまやなき陛下《へいか》のことを思い続けたが、乃木は殉死《じゅんし》の覚悟《かくご》をこの日に定《さだ》めるのである。日露戦争《にちろせんそう》終了後、天皇の赤子《せきし》を数多く死なせたことの責任をとって自決《じけつ》を願い出たが、陛下から「わしが世を去った後にせよ」と言われた。それを今こそ実践《じっせん》する時と決したのである。

九月十日、乃木は皇太子裕仁親王《ひろひとしんのう》にひそかに万感《ばんかん》の思いをこめた最後のご挨拶《あいさつ》をした。十二日、遺言《ゆいごん》を書いた。遺言の第一に書かれていたことが、明治十年の西南《せいなん》の役《えき》において軍旗《ぐんき》を敵に奪われたことに対して責任を取ることであり、その為《ため》の自決《じけつ》であることを明言《めいげん》している。乃木は三十五年前の過失《かしつ》をここに死を以《もっ》て償《つぐな》うのである。乃木が自決したもう一つの理由はこれまでのべた通り、旅順戦《りょじゅんせん》で数多くの部下を死なせたことの責任だが、これは遺書には書かなかった。そこには配慮《はいりょ》があった。戦争では勝敗にかかわらず必ず少なからぬ犠牲者が出ることは避けることができない。多数の死者を出したことを自己の責任としてその為《ため》必ず主将が自決しなければならないとするならば、上級指揮官はみな死なねばならないことになる。それゆえ旅順で多くの死者を出したことを自決の理由としてあげることは憚《はばか》りがある。それはあくまで乃木の感じた道義的責任《どうぎてきせきにん》であったから、公《おおやけ》の理由としてこれを書かなかったのである。だがそれは乃木にとり軍旗喪失《そうしつ》に劣らぬ良心的呵責《かしゃく》にほかならなかったのである。

乃木《のぎ》が自決したのはこの二つの理由だが、ではなぜそれを明治天皇崩御《ほうぎょ》に際し、「殉死《じゅんし》（主君の死に殉《したが》って家臣《かしん》が自決すること）」という形をもって行ったのか。それは辞世《じせい》の二首《しゅ》が乃木心底《しんてい》の思いを赤裸々《せきらら》に表明している。

神《かみ》あがり　あがりましぬる　大君《おおきみ》の
　みあとはるかに　をろがみまつる

※神あがり＝天皇がお亡くなりになること

うつし世を　神去《かみさ》りましし　大君《おおきみ》の
　みあとしたひて　我《われ》はゆくなり

乃木《のぎ》は臣下中《しんかちゅう》もっとも明治天皇《めいじてんのう》に親愛《しんあい》された。乃木は唯々《ただただ》この世に神と仰《あお》いだ明治天皇の「みあと」を「をろがみ」「したひて」お供《とも》申し上げたのである。それは乃木にとって畏《おそ》れ多いことながら真《しん》に悦びに満ちた死出《しで》の旅にほかならなかったのである。

このとき静子《しずこ》夫人がともに殉死《じゅんし》した。それは旅順の陥落を願って天照大御神《あまてらすおおみかみ》様に「二子《にし》のみでなく私ども夫婦のいのちも差し上げます」と誓ったからである。静子夫人を伴《ともな》っての殉死はこの上ない衝撃《しょうげき》と感銘《かんめい》を世間に与えずにはおかなかった。九月十八日、乃木夫妻の葬儀《そうぎ》が青山斎場《あおやまさいじょう》で行われたが、それはかつてない国民葬《こくみんそう》であった。この日、乃木夫妻を見送ろうとして集った人々の多さは東京開市《かいし》以来といわれ、乃木邸より斎場までの短かい沿道《えんどう》に数十万の人々が立錐《りっすい》の余地《よち》なく立ち並んだ。人々は夫妻の柩《ひつぎ》に合掌《がっしょう》礼拝《らいはい》し、あるいは涙《なみだ》しあるいは嗚《お》咽《えつ》して見送った。それは空前にして絶後の国民葬であった。それは乃木が当代随《とうだいずい》一《いち》の国民的英雄であった証《あかし》にほかならなかった。

聖将《せいしょう》・聖雄《せいゆう》と仰《あお》がれた乃木

乃木の劇的な死に対して当時の人々がどれほど大きな感銘《かんめい》を受け、深い哀《かな》しみを感じたか、その代表的言葉を掲《かか》げよう。明治天皇のご信頼の厚かった伏見宮貞《ふしみのみやさだ》愛親王《なるしんのう》は乃木の霊前《れいぜん》に額《ぬか》づかれたあと、ハラハラと涙を流されてこうのべられた。

「乃木は楠木正成《くすのきまさしげ》以上の偉い人物と自分は思う。今死んだのは国家の為にも実に惜《お》しいことであるが是非《ぜひ》もないことである（良い悪いを超越したことという意味）。乃木の死をもって世間《せけん》あるいは狭量《きょうりょう》（考えがせまく浅いこと）に過《す》ぐるという者あるやに知れざれど、彼の死をもって徒労《とろう》（無駄、無益）といわば、楠公《なんこう》の死もあるいは時期《じき》ではなかったかもしれぬ。乃木《のぎ》の誠忠《せいちゅう》、決して楠公のそれに下《くだ》るべからず。先帝《せんてい》の鴻恩《こうおん》（明治天皇の高大な恩恵）を思って乃木の誠忠を思うほどの者は必ず彼を神社に祀《まつ》り、彼の義烈《ぎれつ》（正しく立派な烈々《れつれつ》たる生涯の行為）を日本国民の子々《しし》孫々《そんそん》に伝え、もって彼の死を徒労《とろう》に終らしむべからず」

乃木希典《のぎまれすけ》を神と仰《あお》ぐ国民多数の思いは、大正《たいしょう》十二年、乃木神社の建立《こんりゅう》となった（東京赤坂の旧乃木邸の隣が神社）。

乃木が神と仰がれて日本国史に永久にその名が刻《きざ》まれる人物となりえたのはなぜだろう。乃木の親友、陸軍軍医総監《そうかん》の

御鎮座当時の乃木神社（乃木神社所蔵）

あと日本赤十字社社長となった石黒忠悳《いしぐろただのり》は、乃木の軍旗喪失《ぐんきそうしつ》を「稚龍《ちりゅう》の傷《きず》」であるといい、この「稚龍の傷」の思いが乃木の生涯を支配したとしてこうのべている。

「これがもし他の人であったなら、連隊長《れんたいちょう》時代に一寸《ちょっと》だけの過失《かしつ》をしても、その戦いの続きで功を立てて過《あやま》ちを償《つぐな》い終り、また旅団長《りょだんちょう》となってそれより十倍の功を立て、師団長、軍司令官となってはさらにより大なる功績を立てたから、昔の小過《しょうか》はすでに償《つぐな》ってなお大なる偉績《いせき》（偉大な功績）ありと安心してその功を誇るべきに、乃木大将にいたっては決してしからず、過失ありしことは常に忘れずその後の勲功《くんこう》は心にない。古人《こじん》のいわゆる一尺《いっしゃく》の蛇《へび》が一寸《いっすん》の傷をしたとする。これが段々成長して一丈《じょう》の大蛇《だいじゃ》となった時、昔の傷は延びて一尺の痕《あと》になるというがごとき観念を乃木大将は持《じ》していたのだろう。これが責任を重んぜらるる乃木大将の真情《しんじょう》で、後《のち》の人が学ぶべき点である」

この「稚龍の傷の思い」――「自分の体にはひびが入っている」というとりかえしのつかぬ過《あやま》ちを犯したという強烈《きょうれつ》な自覚が、結局乃木を大成《たいせい》させた。年齢を増すにつれ地位が上《あが》るにつれ、乃木《のぎ》はますます修練《しゅうれん》を怠らず己《おの》れを磨《みが》き続けた。常に自己を省《かえり》みいたらぬ者、足らざる者として不断《ふだん》の修養《しゅうよう》に励んだ結果、明治《めいじ》天皇《てんのう》始め多くの人々に親愛《しんあい》、敬慕《けいぼ》されてやまぬ比類《ひるい》なき気高《けだか》い人格、人品《じんぴん》を築き上げたのである。

忠義《ちゅうぎ》、孝行《こうこう》、道義《どうぎ》、誠実《せいじつ》、勇気《ゆうき》、仁慈《じんじ》、寛容《かんよう》、名誉《めいよ》、礼節《れいせつ》、忍耐《にんたい》、克己《こっき》、慎《つつ》しみ、無私《むし》、献身《けんしん》、勤勉《きんべん》、質素《しっそ》等、日本人が古来《こらい》より尊重《そんちょう》し踏《ふ》み行ってきた倫理《りんり》・道徳《どうとく》の最も立派な実践者《じっせんしゃ》の一人が乃木《のぎ》であった。乃木希典《のぎまれすけ》は明治の御代《みよ》に生きた武士であり、武士中の武士であった。人々は乃木を名将《めいしょう》、英雄の至《いた》れる者として、聖将《せいしょう》、聖雄《せいゆう》と仰《あお》いだのである。

参考文献

『乃木希典全集』　乃木神社社務所図書刊行会　平成6年
『乃木希典日記』　和田政雄編　金園社　昭和45年
『乃木院長記念録』　学習院輔仁会編　三光堂　大正3年
『乃木大将詩歌集』　中央乃木会編　日本工業新聞社　昭和59年
『乃木大将事蹟』　塚田清市　乃木十三日会　大正55年
『乃木希典』　宿利重一　対胸舎　昭和4年
『旅順戦と乃木将軍』　宿利重一　春秋社　昭和17年
『人間乃木・夫人篇』　宿利重一　春秋社　昭和6年
『大将乃木』　横山健堂　日本兵事学会　昭和10年
『斜陽と鉄血』　津野田是重　信毎出版部　大正15年
『軍服の聖者』　津野田是重　信毎出版部　大正22年
『将軍乃木』　桜井忠温　実業之日本社　昭和33年
『旅順攻囲軍』　木村毅　恒文社　昭和55年

『乃木将軍』　木村毅　千倉書房　昭和12年
『育英の父乃木将軍』　服部純雄　刀江書院　昭和11年
『乃木大将と日本人』　スタンレーウォシュバン　目黒真澄訳　講談社
学術文庫　昭和55年
『実伝乃木大将』　碧瑠璃園　隆文館　大正22年
『御神徳を仰ぐ』　中央乃木会　昭和49年
『乃木希典と日露戦争の真実』　桑原嶽　ＰＨＰ新書　平成28年
『乃木希典――高貴なる明治』　岡田幹彦　展転社　平成13年
ほか

日本《にっぽん》の偉人物語《いじんものがたり》　4

塙保己一《はなわほきいち》　島津斉彬《しまづなりあきら》　乃木希典《のぎまれすけ》

初版発行　平成 31 年 4 月 15 日

著　　者　岡田幹彦
発 行 者　白水春人
発 行 所　株式会社 光明思想社
〒 103-0004 東京都中央区東日本橋 2-27-9　初音森ビル 10 F
TEL 03-5829-6581
FAX 03-5829-6582
URL http://komyoushisousha.co.jp/
郵便振替 00120-6-503028
装　　幀　久保和正
本文組版　メディア・コパン
印刷・製本　中央精版印刷株式会社

ISBN-978-4-904414-91-0
落丁本・乱丁本はお取り替え致します。定価はカバーに表示してあります。

岡田幹彦

――歴史人物シリーズ――